SEGUNDA GUERRA MUNDIAL

VITÓRIA NA EUROPA

Conquistas e Vitórias do Dia D Até a Queda de Berlim

SEGUNDA GUERRA MUNDIAL

VITÓRIA NA EUROPA

Conquistas e Vitórias do Dia D Até a Queda de Berlim

Karen Farrington

M.BOOKS

M.Books do Brasil Editora Ltda.

Rua Jorge Americano, 61 - Alto da Lapa
05083-130 - São Paulo - SP - Telefones: (11) 3645-0409/(11) 3645-0410
Fax: (11) 3832-0335 - e-mail: vendas@mbooks.com.br
www.mbooks.com.br

Dados de Catalogação da Publicação

FARRINGTON, Karen.
Segunda Guerra Mundial: Vitória na Europa/ Karen Farrington.
São Paulo - 2013 - M.Books do Brasil Editora Ltda.

1. História 2. Guerras e Batalhas

ISBN: 978-85-7680-212-9

Do original: Victoria in Europe
Publicado originalmente em inglês pela Arcturus Publishing Limited

Editor: Milton Mira de Assumpção Filho
Tradução: R. Brian Taylor
Revisão Técnica: Ricardo Souza
Produção Editorial: Lucimara Leal
Coordenação Gráfica: Silas Camargo
Editoração: Crontec
Mapas: Alex Ingr/Simon Towey e Peter Harper
Imagem da capa: © Getty Images

2013
M.Books do Brasil Editora Ltda.

SUMÁRIO

Introdução

"O futuro da guerra está em nossas mãos"

Homero, *A Ilíada*

Poucas pessoas vivas hoje podem alegar que viram os homens correndo frenéticos e encharcados das ondas até as dunas, as areias esburacadas, o ar salgado e enegrecido e a adrenalina enlouquecedora que foi o Dia D, a operação militar que permitiu aos Aliados retomarem uma posição na Europa continental após terem sido sumariamente expulsos pelas forças de Hitler no início da Segunda Guerra Mundial.

Os batalhões de soldados que se agachavam nos barcos de desembarque, rezando em silêncio por uma travessia rápida das areias das praias de Normandia, estão desaparecendo rapidamente. Os pilotos que aterrorizavam as posições da *Wehrmacht*, apoiando as tropas invasoras de forma inestimável, diminuem em número a cada ano. Muitos dos marinheiros que, com grande risco, ajudaram as forças invasoras a atravessar o Canal da Mancha, já morreram nesses 60 anos que se passaram desde o Dia D. Da mesma forma, os paraquedistas que buscaram dentro de si reservas desconhecidas de coragem enquanto aterrissavam atrás das linhas inimigas também são cada vez menos. Somente um de cada cinco alemães vivos hoje passou pelos traumas da Segunda Guerra Mundial. E, é claro, incontáveis cidadãos de incontáveis nacionalidades não sobreviveram para contarem a história.

Ainda assim, a coragem de todos aqueles homens que se recusaram a ser jogados de volta ao mar, sem falar na audácia dos planejadores militares, é um assunto recorrente mesmo no século 21. Esses heróis lutaram pelo nobre princípio da liberdade e isso os engrandece, e muito, na consciência coletiva.

É história para tirar o fôlego, tanto um desafio para os sentidos quanto foi um ataque à França ocupada pelos alemães e a

Império do Mal
Mapa mostrando a maior extensão territorial do Terceiro Reich nazista, por volta de 1942.

maioria de nós consegue imaginar o cenário confuso, o verdadeiro bombardeio de sons, o sabor do medo e o odor de uma guerra obcecada. Este livro tenta ser uma referência para aqueles que podem ter dificuldade em criar imagens importantes ou precisas. Essencialmente, vai além do Dia D e suas consequências imediatas. De fato, o Dia D colocou os Aliados no caminho da vitória, mas estava longe de ser decisivo. O controle que a Alemanha tinha sobre a Europa pode ter sido afrouxado, mas levaria quase mais um ano de luta intensa antes que a ordem de rendição final para todas as armas alemãs fosse assinada pelo almirante Karl Dönitz, líder de uma nação despedaçada após o suicídio de Hitler em seu *bunker* em Berlim, no dia 30 de abril de 1945. *Vitória na Europa* é a história daqueles últimos meses árduos do palco europeu da Segunda Guerra Mundial.

CAPÍTULO 1

Preparando a Invasão

"Esta guerra será vencida ou perdida nas praias."

Marechal de campo Gerd von Rundstedt, junho de 1944

Em retrospectiva, parecia inevitável que, quando se estabilizassem na Normandia, os Aliados facilmente entrariam na França, na Alemanha e diretamente até o coração do Terceiro *Reich*, acabando com a jactância de Hitler sobre um reino de mil anos. Na realidade, o avanço poderia ter sido impedido, ou mesmo forçado a retroceder, em várias ocasiões. Se a promessa de armas secretas do *Führer* fosse mais do que apenas uma promessa, a Europa e o mundo hoje teriam um caráter bastante diferente.

Embora na crença popular o "D" em Dia D signifique "Deliverance" (Salvação), na realidade o D simplesmente significa "dia": o dia de qualquer operação militar é conhecido como Dia D, assim como a hora exata de seu lançamento é conhecido como Hora H. O fato de o termo hoje ter conotações quase religiosas é testemunho do mal indescritível representado pelo regime do qual o território europeu foi libertado. A decisão de libertar a Europa começou a ser tomada quase no mesmo momento em que o último soldado da *BEF*, abreviatura em inglês para Força Expedicionária Britânica, foi evacuado de Dunquerque em maio de 1940. Os Estados Unidos também se convenceram do mérito da libertação depois que Hitler apressadamente, e de certa forma insensatamente, declarou guerra aos Estados Unidos em 1941 após o ataque surpresa dos japoneses a Pearl Harbor. No entanto, mesmo antes desse incidente, o presidente Franklin Delano Roosevelt já estava convencido de que se Hitler consolidasse seus ganhos territoriais, passaria a ser uma ameaça para a segurança dos próprios Estados Unidos.

Na era moderna, é impensável que um ditador bruto possa dominar a Europa; entretanto, foi exatamente isto que aconteceu por quatro longos anos depois que os tanques alemães varreram a França em 1940. Os nazistas – cujo poder não era desafiado na época – bradavam pelo continente ao som arrepiante dos bombardeiros de mergulho *Stuka*, alcançando a costa da França em apenas seis semanas, um feito que os generais da Primeira Guerra Mundial não conseguiram realizar em quatro anos.

Operação Leão-Marinho

Após perder um número enorme de homens e materiais na França, o exército britânico estava severamente enfraquecido e pobremente equipado e se Hitler tivesse decidido por uma invasão em larga escala

Tropas alemãs
Em frente à Torre Eiffel, em Paris. A velocidade da vitória nazista na França surpreendeu a todos, inclusive Hitler.

Agosto de 1940

Pilotos do Esquadrão Nº 610 "Condado de Chester", da RAF, descansando e conversando perto de seus caças Supermarine Spitfire I no aeródromo de Hawkinge durante um intervalo na Batalha da Grã-Bretanha.

das Ilhas Britânicas, provavelmente teria tido sucesso. Mas a *Wehrmach* não estava preparada para um ataque anfíbio nessa escala e o alto-comando alemão não foi perspicaz o suficiente para reconhecê-lo. As disputas entre o exército e a marinha alemães sobre a logística da invasão persuadiram Hitler a adiar a Operação *Seelöwe* (Leão-Marinho), seu nome de código, e se voltar para sua força aérea, a *Luftwaffe* de Göring, para controlar os céus como um prelúdio da invasão. O futuro da guerra estava nas mãos de alguns pilotos da *Royal Air Force*, a Força Aérea Britânica, que foi vencedora. A Operação Leão-Marinho foi posta de lado indefinidamente.

Ainda se apegando à esperança de que a Grã-Bretanha apelaria pela paz, Hitler voltou sua atenção para a União Soviética, dando aos planejadores militares britânicos um tempo precioso para traçar a libertação da Europa.

Lições valiosas foram aprendidas com o malfadado ataque que desembarcou em Dieppe, em agosto de 1942, embora o preço tenha sido caro: a morte ou captura de aproximadamente 4.000 soldados canadenses.

As Lições de Dieppe

Primeiro de tudo, a operação em Dieppe destacou a necessidade de sigilo. No porto francês, os defensores alemães esperavam pela ação e estavam bem preparados. Segundo, os cruzadores e couraçados da Marinha seriam extremamente necessários durante uma ação em larga escala. Na época em que o ataque a Dieppe aconteceu, a Marinha Real Britânica estava muito cautelosa para não expor navios no Canal da Mancha e, naquela ocasião, não permitiu nada maior do que um destróier nas águas para proteger os homens que iriam desembarcar. A supremacia aérea também era muito importante, outro elemento que faltou em Dieppe. As comunicações ruins entre os homens na praia e os comandantes da operação fizeram com que muitos homens fossem enviados para terra quando já não tinham esperanças de sobreviver. Essa era outra questão que precisava de atenção imediata, assim como a falta de um reconhecimento significativo. Muitos soldados que desembarcaram em Dieppe não tinham a mínima ideia de como sair da praia. Após Dieppe, ficou clara a necessidade de uma embarcação anfíbia especializada para proteger os homens que saíam das águas. Talvez, mais importante, o fiasco de Dieppe serviu para realçar os perigos em tentar qualquer invasão contra fortificações fixas. No que diz respeito aos alemães, o fracasso em Dieppe fez com que se sentissem inexpugnáveis e talvez tenha contribuído para uma certa complacência.

Ataques de St. Nazaire
O Campbelltown, no canal em St. Nazaire pouco antes de explodir, levando consigo as comportas do canal.

Aliados unidos

O general Eisenhower cumprimenta o líder da França Livre, Charles de Gaulle, em uma reunião dos líderes dos Aliados na Inglaterra, na noite anterior ao Dia D. O anfitrião da reunião, Winston Churchill, está de pé atrás deles.

Houve outros desembarques mais bem-sucedidos para os Aliados considerarem, como o ataque a Vaagso, na Noruega, no final de 1941; a sabotagem do St. Nazaire em março de 1942; e os desembarques da Operação *Torch* (Tocha) que despejaram tropas Aliadas adicionais na África do Norte no auge do sucesso em El Alamein. Entretanto, foram todos em uma escala muito menor do que o Dia D, com muito menos em jogo.

O Dia D foi um desembarque anfíbio altamente ambicioso, cuja intenção era trazer rapidamente um fim à guerra. Qualquer contratempo ou cancelamento significaria prolongar o conflito, com perda adicional de vidas. Em termos de homens e materiais, foi uma tarefa maciça, que testou a estratégia e a organização ao máximo. Como diria Churchill para os comandantes da Operação *Overlord*: "Isso é uma invasão, não a construção de uma cabeça de ponte fortificada".

Planos foram feitos e refeitos. Apesar de seu conflito de personalidade com oficiais de escalões mais altos, o marechal de campo britânico, *sir* Bernard Law Montgomery, foi rápido em avaliar um plano inicial como muito tímido. Ele queria uma investida muito maior e mais ampla na França, para poder evitar que as forças invasoras fossem simplesmente empurradas de volta para o mar.

Guerra de Segredos

Os Aliados tinham alguma ideia do que os esperava na França. Por vários anos, o alto escalão tivera acesso aos segredos militares da Alemanha depois que o código altamente complexo do *Reich*, o Enigma, fora decifrado. A Alemanha vinha produzindo máquinas Enigma bem antes da guerra, que eram, de maneira geral, aparelhos que pareciam "máquinas de escrever", com rotores e controles que automaticamente substituíam uma letra por outra para gerar um código uniforme. Os destinatários das mensagens, que também tinham uma máquina Enigma, simplesmente ajustavam seus rotores para que lessem as palavras transpostas corretamente. As configurações dos rotores mudavam diariamente. Sem um conhecimento especial, os códigos eram extremamente obscuros. Na realidade, a complexidade do sistema de codificação era tamanha que os decifradores de códigos tinham uma chance em 150.000.000.000.000.000.000 de encontrarem a resposta certa puramente por sorte. Os generais alemães realmente acreditavam que o sistema era inexpugnável simplesmente porque não haveria tempo suficiente para desvendá-lo. Com isso, deixaram passar alguns pontos fracos: os números tinham de ser escritos por completo; nenhuma letra representava a si mesma; e cada mensagem começava com uma previsão do tempo. Eles também não contaram com os brilhantes matemáticos britânicos que decifraram o código Enigma e o usaram para ajudar a Grã-Bretanha a vencer a Batalha do Atlântico, guiando os navios para longe das rotas conhecidas dos submarinos alemães.

Ainda assim, a Alemanha não tinha a mínima ideia de que muitos de seus planos estavam sendo compartilhados com espiões britânicos que trabalhavam em Bletchley Park, 80 km ao norte de Londres. Todos os esforços foram feitos para que as coisas continuassem assim. Isso fez com que, algumas vezes, os líderes militares da Grã-Bretanha tivessem que, mesmo contra sua vontade, sair de cena e deixar que os planos alemães se desenrolassem, em vez de se anteciparem às campanhas inimigas e, com isso, revelar o acesso de que os Aliados desfrutavam. Essa era uma vantagem que claramente não queriam perder. Dessa forma, quando uma força-tarefa americana capturou um submarino alemão completo com seus livros de códigos do Enigma em 4 de junho, apenas dois dias antes da data programada para a Operação *Overlord*, o comandante em chefe da Frota do Atlântico dos Estados Unidos, Royal E. Ingersoll, foi rápido em assegurar que nenhuma palavra sobre a captura seria divulgada até que o Dia D terminasse. Se os alemães soubessem que o código estava sendo decifrado, teriam trocado os sistemas e acabado com o acesso que os Aliados tinham aos movimentos das tropas alemãs na Normandia, logo quando mais precisavam dele.

As atividades dos decodificadores Aliados foram vitais para garantir que o Dia D acontecesse em 1944 e não em 1946, como previam alguns analistas, quando então as armas secretas de Hitler – o foguete V2, o chamado "Canhão de

A máquina Enigma

Máquina de códigos alemã Enigma capturada. A decifração deste código sofisticado foi uma enorme vitória para os Aliados na guerra de informações.

Ameaça submarina

Submarinos alemães no Atlântico, 1942. No auge de seu sucesso a "alcateia" afundava centenas de milhares de toneladas de navios Aliados todas as semanas.

Londres" e a aeronave a jato – poderiam já estar em operação e retardar seriamente ou alterar o desfecho do conflito.

A decisão de embarcar na ofensiva do Dia D não foi totalmente direta. A Grã-Bretanha já se encontrava em guerra em duas frentes, na Itália e na Birmânia. A guerra na África já estava praticamente ganha, mas havia trazido à tona a dramática improbabilidade de vitórias rápidas sobre o exército alemão. Os americanos se dedicavam a expulsar os japoneses do Pacífico. Na realidade, havia muita pressão doméstica nos Estados Unidos – com suas grandes populações alemãs e italianas – para que saíssem de vez do teatro de guerra europeu e se concentrassem em ganhar a guerra contra os japoneses. Contudo, em grande parte graças ao presidente Roosevelt, os americanos mantiveram sua política de "a Alemanha primeiro", possibilitando que fosse dada sequência ao Dia D.

No mar, a marinha alemã se parecia mais com uma força debilitada, embora os submarinos e os barcos torpedeiros alemães continuassem representando uma ameaça. (Se as frotas de submarinos continuassem a vagar livremente, a frota invasora seria afundada antes mesmo de alcançar a costa francesa.) No ar, a *Luftwaffe*, embora ainda em destaque, já não mais reinava suprema. Em terra, no entanto, a *Wehrmacht*, embora em seu limite e em retirada na frente russa, ainda era uma força a ser considerada cuidadosamente em qualquer plano de invasão.

Locais da Invasão

A próxima pergunta era qual seria o melhor lugar para lançar a invasão. O local mais óbvio era Calais e a área ao seu redor, pois era o ponto da Fortaleza Europa mais próximo da Grã-Bretanha, o que significava travessias marítimas menores, maior cobertura aérea e linhas de abastecimento mais curtas. Porém, era também o local onde os alemães estavam mais bem preparados para o ataque. As praias eram rodeadas por penhascos, impossíveis de transpor com velocidade. A próxima parada na costa era perto de Le Havre, na foz do rio Sena, um porto principal e, da mesma forma, bem defendido. Os planejadores consideravam um ataque ali, mas se preocupavam com as restrições das áreas disponíveis para as embarcações de desembarque.

Mais para oeste, e mais distantes da costa inglesa, estavam as praias da Normandia. Antes da guerra, essa área fora um paraíso de férias que oferecia praias amplas e seguras, cafés e esportes aquáticos. Agora, eram vistas com um olhar totalmente diferente, como um ponto de desembarque adequado para inúmeras tropas aliadas. Reconhecidamente, ali não havia portos para desembarcar soldados e tanques, mas esse era um problema a ser superado pelos engenheiros que construiriam portos portáteis – os robustos Mulberry – e os rebocariam até o local (ninguém sabe por que essas docas flutuantes receberam o nome de uma árvore que se tornou famosa em uma canção de ninar; uma teoria diz que Churchill se lembrou com carinho do dia em que uma empregada escocesa pronunciou o sobrenome de seus ancestrais, os Marlboroughs). As vantagens naturais das praias da Normandia, além de suas fortificações menos pesadas, logo persuadiram os militares de que ali era o portão de entrada apropriado para a invasão.

Ainda assim, havia outras opções a serem descartadas antes que fosse feita uma escolha final. A Holanda foi logo retirada da equação, por estar muito longe da Inglaterra e não oferecer cobertura em terra para as tropas invasoras. A Noruega era mais promissora, e Churchill continuava pensando na possibilidade de vencer suas defesas.

Ao sul, havia Portugal e Espanha, embora qualquer invasão ali significasse usar um ou dois países neutros como portão de entrada para a Europa e suas reações não seriam necessariamente favoráveis. Também foram sugeridos o sul e o oeste da França e, embora ambos implicassem linhas de suprimentos distendidas por causa da distância da Inglaterra, foi acordado um ataque coordenado ao sul, de codinome Operação *Anvil* (bigorna). Basicamente, essa operação foi deixada em espera por seis semanas devido à falta de embarcações anfíbias adequadas.

Houve muita relutância, especialmente por parte de Churchill, em concordar com uma campanha de bombardeios no norte da França para apoiar a força invasora. Parecia que as forças de libertação provavelmente massacrariam mais franceses dessa

A Raposa na França

O marechal de campo Erwin Rommel (centro) estuda um mapa com outros oficiais do exército alemão em Caen, França, durante uma visita de inspeção às defesas costeiras da Muralha do Atlântico.

forma do que a Alemanha houvera feito durante os quatro anos de ocupação. Para Churchill, a invasão também trouxe a lembrança da campanha de Gallipoli, que organizara durante a Primeira Guerra Mundial e que acabara num oneroso fiasco. Na realidade, todos os principais comandantes britânicos estavam cientes das perdas incorridas na Primeira Guerra Mundial e ansiosos para não repetirem a perda de vidas. Por um processo de eliminação, sobrou a Normandia como a principal candidata entre os locais potenciais para o Dia D.

A próxima questão a ser resolvida era quem assumiria o comando da operação. Claramente havia a necessidade de uma cooperação estreita entre comandantes britânicos e americanos. Já que os Estados Unidos estavam comprometendo o maior número de homens na operação, ficou a cargo do presidente dos Estados Unidos escolher o principal homem para o trabalho e, em janeiro de 1944, Roosevelt nomeou o general Dwight Eisenhower, um homem com alguma experiência em combate, mas cujo ponto forte estava em uma diplomacia aparentemente serena e paciente, que manteria a paz entre seus ambiciosos subordinados. Abaixo dele encontrava-se um leque de homens altamente condecorados, recrutados de ambos os lados do Atlântico, representando as melhores mentes militares da época, com sólida experiência em operações de combate. O vice-comandante supremo era o marechal de campo aviador *sir* Arthur Tedder, um piloto britânico veterano no planejamento militar da campanha na Itália.

Entre os oficiais mais veteranos estava Montgomery, o vitorioso do El Alamein,

um grande ponto de virada da guerra. Eisenhower uma vez descreveu Montgomery como "um bom homem por quem ser comandado, um homem difícil com o qual servir e um homem impossível de comandar".

As ordens que Eisenhower recebeu de Washington foram simples. "Você entrará no continente europeu e, junto com as outras nações aliadas, realizará operações visando ao coração da Alemanha e à destruição de suas forças armadas."

Preparações na Grã-Bretanha

A data foi marcada para 5 de junho, depois que os planejadores mapearam o ciclo lunar. Nesse dia, e em alguns dias depois, a Lua apareceria mais tarde, fazendo com que a primeira leva de paraquedistas ficasse inicialmente encoberta pela escuridão e, ao mesmo tempo, pudesse usufruir da luz da Lua ao aterrissar. As marés também estariam baixas ao amanhecer, dando aos invasores a chance de evitar ou neutralizar as defesas na praia.

A própria Grã-Bretanha deveria estar preparada. Foram construídos mais de 163 aeródromos para atender o grande número de aviões necessários. Os portos foram reorganizados para receber uma quantidade sem precedentes de navios. Aproximadamente 270 quilômetros de trilhos ferroviários tiveram de ser assentados para ajudar a transportar suprimentos. Novos depósitos foram construídos para acomodar medicamentos, roupas, alimentos e munição.

Porto Mulberry
Construído na Inglaterra e rebocado pelo Canal no Dia D, essas docas artificiais proporcionariam locais de desembarque seguro para os navios Aliados.

Enquanto os Aliados se preparavam para a Operação *Overlord*, houve um influxo de homens e materiais na Grã-Bretanha. Por volta da primavera europeia de 1944, aproximadamente 2.000.000 toneladas de materiais bélicos foram reunidas na Grã-Bretanha, incluindo mais de 50.000 tanques, carros blindados, jipes e caminhões. Uma das principais tarefas seria ocultar a escala da operação em andamento dos olhos alemães e isso significava esconder veículos em florestas, pântanos e armazéns. Em seguida, tudo isso deveria ser levado para os respectivos portos em tempo para o início da invasão.

Tropas do Canadá, Polônia, Tchecoslováquia, Bélgica, Holanda, Noruega e França se juntaram aos americanos e aos britânicos, totalizando aproximadamente dois milhões de homens. As forças aéreas também incluíam pilotos australianos, neozelandeses, sul-africanos e poloneses. Tudo havia sido ensaiado nas praias do Reino Unido, incluindo Gosport em Hampshire, Studland em Dorset e Westward Ho, Woolacombe e Slapton Sands, em Devon. Um exercício em Slapton, em 27 de abril de 1944, acabou em tragédia quando barcos torpedeiros alemães passaram pelas defesas de alto-mar e mataram 749 soldados americanos que ensaiavam para o Dia D. Os temores de que a Alemanha pudesse ter tido acesso aos planos da Operação *Overlord*, pelos corpos dos oficiais americanos mortos, acabaram por se mostrar sem fundamento. Mesmo assim,

"Screaming Eagles"
Eisenhower conversa com os homens da 101ª Divisão Aerotransportada dos EUA, os "Screaming Eagles" (águias gritadoras), enquanto se preparavam para a invasão do Dia D, em 5 de junho de 1944.

o incidente, que ceifou mais vidas do que o ataque à praia Utah, se tornou um lembrete útil da vulnerabilidade das tropas no mar e também seria mantido em segredo por muitos anos.

Foram feitos todos os esforços para garantir que a operação *Overlord* permanecesse o segredo mais bem guardado do país. Os civis que viajavam entre o Reino Unido e a Irlanda eram obrigados a parar e uma área ao redor da costa com 16 quilômetros de distância, de Wash a Lane's End, ficou proibida para o público em geral.

Um Susto no Sigilo

Os Aliados se orgulhavam de conhecer a identidade dos espiões alemães no Reino Unido e mantê-los na ignorância. Essa era uma afirmação ambiciosa e pelo menos um espião, conhecido como Cicero, de codinome Elyeza Bazna, estava na pista da Operação *Overlord.* Bazna era um albanês que trabalhava como guardador de carros na embaixada britânica na Turquia. Se chegou a conhecer parte dos segredos britânicos deve ter sido porque os comandantes e diplomatas Aliados, especialmente Churchill, cortejavam os turcos para que passassem para o lado dos Aliados. Por sua vez, Bazna nunca conseguiu descobrir a data e o local da Operação *Overlord.*

Os chefes dos espiões britânicos também ficaram alarmados por causa de algumas dicas nas palavras cruzadas do *Daily Telegraph* na primavera europeia de 1944, que faziam revelações notáveis sobre as operações secretas para retomar a Europa. Dicas como "Alguns desses mandachuvas às vezes tomam alguma coisa para si" cuja resposta era "chefe supremo" (*overlord*, em inglês) e "Seus arbustos fazem sucesso no berçário", cuja resposta era "*mulberry*" (árvore de uma canção de ninar), alarmaram a comunidade de informações britânica, assim como aconteceu com duas outras dicas que apareceram em maio com respostas e que também eram codinomes para as praias que seriam usadas na invasão.

O compilador das palavras cruzadas, Leonard Dawe, um professor de ciências de 54 anos de idade, de Leatherhead, em Surrey, era pontualmente visitado pelos agentes do MI5, o braço do serviço de informações britânico responsável pela segurança doméstica, que queriam do infeliz Dawe mais do que algumas respostas: mais tarde, em uma entrevista para a BBC, Dawe admitiu: "Eles me reviraram do avesso".

O próprio Dawe atribui todo o incidente a uma coincidência bizarra. Na realidade, uma explicação para essa suposta quebra de sigilo surgiu muito tempo depois. De acordo com Ronald French, um dos alunos de Dawe na Strand School, no sul de Londres, o professor deixava que os meninos preenchessem as grades das palavras cruzadas enquanto ele pensava em dicas que combinassem com elas. Por volta de 1944, toda a escola havia sido evacuada para Effingham, Surrey, ficando ao lado de um campo enorme de soldados americanos e canadenses. Esses homens usavam os codinomes abertamente, embora não soubessem seus significados. French, que passava cada minuto de folga na companhia deles, simplesmente levou as palavras para seu professor.

"Todo mundo sabia do esboço do plano de invasão e dos vários codinomes", lembrou. "Omaha e Utah eram as praias para aonde iriam. Eles sabiam os nomes, mas não as localizações. Todos sabíamos que a operação se chamava *Overlord.*"

"Eu obviamente não era um espião alemão. Centenas de meninos sabiam o que eu sabia."

Todavia, houve alguns vazamentos espetaculares por parte dos próprios membros da equipe de planejamento, sem falar de um general americano e um coronel britânico que deixaram escapar informações vitais, sem dúvida alguma para melhorar seu posicionamento entre seus colegas. Pior ainda foi um operador de teletipo, que praticando durante a noite de 4 de junho, despachou uma mensagem de que o desembarque dos Aliados havia começado. Isso causou pânico entre os comandantes Aliados e essencialmente uma tremenda confusão entre aqueles na Alemanha que acreditavam se tratar de algum tipo de piada.

Em retrospecto, é surpreendente ver que os alemães não tinham a mínima ideia dos planos britânicos. O pessoal de reconhecimento do *Reich* pode ter ficado um pouco incomodado com a cidade de tendas que se espalhava por Kent, incluindo tanques e navios nos respectivos portos. Havia até mesmo fumaça saindo das tendas todos os dias, o que indicava preparação de alimentos em larga escala e atividades de rádio para simular a aproximação de uma grande operação. Era impossível distinguir lá de cima que as tendas estavam vazias, os tanques eram feitos de borracha e os navios eram placas de compensado. Essa era a Operação *Fortitude*, um estratagema para fazer com que os comandantes alemães acreditassem que uma força de invasão, o fictício Primeiro Grupo de Exércitos dos Estados Unidos (FUSAG), comandado pelo general George S. Patton, se dirigia para Calais. Isso garantiria que os comandantes alemães, incluindo o próprio Hitler, ficassem de olho na região ao redor de Calais. O estratagema foi tão bem-sucedido que mesmo depois de os desembarques na Normandia acontecerem, Hitler continuou convencido de que se tratava de mera distração. A força principal, acreditava ele, desembarcaria em Calais. Em 1º de junho, espiões alemães perceberam "uma mensagem pessoal" em um noticiário na BBC que consistia no primeiro verso de "Chanson d'Automne", do poeta francês do século 19 Paul Verlaine, dizendo: "*Les sanglots long, des violons de l'automne*", significando, "O choro longo dos violinos do outono". Eles já haviam sido avisados de que esse seria um alerta inicial para a resistência francesa sobre a aproximação de uma invasão (ouvir a BBC era um crime capital no *Reich*, mas continuou a ser uma prática comum). A transmissão de um segundo verso era um sinal de que a invasão era iminente.

Embora um alerta tenha sido posteriormente emitido para o 15º Exército alemão, outros comandantes de grupos militares importantes não foram avisados. Um dos marechais de campo que aparentemente ficou no escuro foi Rommel, que retornou à Alemanha em 4 de junho sob o pretexto de participar de uma reunião, quando de fato queria estar com sua esposa no dia em que esta aniversariava. Se soubesse da primeira mensagem e sua importância, o marechal teria descartado essa possibilidade. Ele certamente não estava em seu posto quando a segunda metade da mensagem foi transmitida: "*Blessent mon coeur d'une langeuer monotone*", ou "Fere meu coração com uma languidez monótona". O verso foi lido por um apresentador da BBC na noite de 5 de junho enquanto os paraquedistas já se preparavam e os comboios deslizavam pelo canal. Os operadores de rádio alemães reagiram rapidamente ao aviso que espera-

Derrotado
Sapadores americanos inspecionam um canhão alemão capturado, posicionado ao longo dos penhascos da Normandia. O posicionamento fazia parte da linha defensiva "Muralha do Atlântico" de Hitler.

vam havia tanto tempo. Ainda assim, o 15º Exército foi o único alertado enquanto os comandantes do exército ponderavam sobre a probabilidade de britânicos e americanos anunciarem uma invasão iminente através da BBC.

Por pura coincidência, os alemães haviam programado os *Kriegsspiel*, ou jogos de guerra, para 6 de junho em Rennes, na Grã-Bretanha, um exercício militar organizado com o auxílio de mapas, para prepará-los para uma invasão, começando com aterrissagens de paraquedistas seguidas por desembarques nas praias da Normandia. Embora os comandantes tivessem sido instruídos a não deixarem seus postos até 6 de junho, muitos já estavam a caminho quando a verdadeira invasão começou.

A Muralha do Atlântico

De certa maneira, os nazistas estavam preparados para a invasão dos aliados. O alto-comando alemão, o *OKW* (*Oberkommando Wehrmacht*), já houvera ordenado, no início de 1942, a construção da Muralha do Atlântico, uma linha longa e sinuosa de fortificações e plataformas de concreto que se estendia da Noruega até a Espanha. Era um esquema grandioso, que foi muito falado em conferências de alto nível, mas que realmente não era tudo o que se dizia, como descobriu o marechal de campo Erwin Rommel quando foi transferido para a França, vindo do norte da África. Muitas das plataformas de canhões não estavam acabadas, metade das minas terrestres necessárias não havia sido instalada e as tropas que apoiavam as defesas se haviam tornado complacentes e preguiçosas.

Durante os primeiros meses de 1944, Rommel começou uma enérgica tentativa de melhorar algumas das defesas. Sob suas ordens, aproximadamente 4 milhões de minas terrestres foram instaladas ao longo da costa do canal antes da chegada dos Aliados, uma fração do número planejado. Quando Rommel percebeu que as minas terrestres não seriam suficientes, insistiu para que outros armamentos fossem modificados para que toda a área minada pudesse ser preenchida e, ainda, supervisionou a construção de várias defesas nas praias para frustrar o acesso dos tanques.

Ao usarem mão de obra forçada francesa para completar essas tarefas, os alemães inadvertidamente revelaram segredos vitais. Um pintor chamado Rene Duchez conseguiu retirar sorrateiramen-

Montgomery de Alamein

Marechal de campo Bernard Montgomery, retratado aqui em frente a um tanque Grant. O general Eisenhower descreveu Montgomery como: "um bom homem por quem ser comandado, um homem difícil com o qual servir e um homem impossível de comandar".

te dos quartéis-generais de Rommel em Caen uma planta das defesas da Muralha do Atlântico. Ao perceberem que faltava uma das cópias das plantas, os alemães sumariamente executaram um eletricista inocente, que acreditavam ser o espião. Duchez, que nunca fora deixado sozinho e, mesmo assim, conseguiu realizar o roubo, enviou os documentos para a rede de informações em Londres. Oficiais de artilharia e engenheiros receberam as informações quando planejavam o ataque às defesas do Atlântico.

De certa maneira, o planejamento do Dia D é uma história muito mais longa e mais confusa do que o Dia D em si. Demorou anos para ser feito, sendo produto de algumas das melhores mentes militares e políticas da época, e foi extensamente debatida até que seus autores sentissem que estavam perto da perfeição. Houve conflitos de personalidades, mais notavelmente entre Montgomery e quase todos os outros americanos envolvidos em todos os níveis, e problemas de logísticas em larga escala. Mesmo assim, quando chegou a hora, foi um exercício extraordinário de cooperação entre inúmeras nações, que amplamente deixaram de lado os interesses nacionais em nome da vitória contra os nazistas de Hitler. Parte de seu sucesso se deve à química pessoal entre os dois personagens mais importantes, *sir* Winston Churchill e o presidente Roosevelt. Ambos reconheceram a importância de manter uma frente unida entre eles e o terceiro líder aliado importante, Josef Stalin.

Uma Segunda Frente

Havia uma pressão crescente por parte de Stalin, que sentia, talvez justificadamente, que seus soldados estavam suportando o maior peso da campanha contra os alemães, levando-o a instar os Aliados do Ocidente a abrirem uma segunda frente, com uma invasão através do canal. A luta na Frente era de uma ordem completamente diferente daquela que acontecera no norte da África: os conflitos entre as tropas alemãs e russas eram selvagens, sem que clemência fosse dada, nem pedida.

Entre as preocupações de Stalin estava o fato de que Churchill e Roosevelt poderiam manipular uma guerra de atrito prolongada entre as forças alemãs e o Exército Vermelho para enfraquecer a Rússia, deixando-a pronta para o colapso do comunismo após a guerra. Embora ambos os líderes democráticos não fizessem segredo de seu desgosto pelo comunismo, não existem provas da existência de tal agenda secreta.

No entanto, a intensidade da guerra no leste seria tanto uma benção quanto uma maldição para os Aliados. A maioria das tropas alemãs prontas para combate estava envolvida no conflito, deixando as fronteiras a oeste do *Reich* um perímetro defensivo composto de velhos, jovens e homens que se recuperavam da ação no leste. Por outro lado, quando as relativamente inexperientes tropas americanas desembarcaram na praia Omaha, deram de cara com veteranos calejados pelas batalhas na Frente Leste esperando por eles, prontos para lutarem com o mesmo fervor que demonstraram contra o Exército Vermelho. Os horrores potenciais eram óbvios, pelo menos para o marechal Henri Pétain, o ditador títere da França de Vichy, um estado decretado depois da invasão alemã e que formalmente tinha seu próprio governo, mas era, na realidade, um estado satélite do *Reich*. No dia da invasão, Pétain transmitiu de Paris, alertando os franceses: "A direção do combate poderá levar o exército alemão a tomar medidas especiais nas áreas de batalha. Aceitem essa necessidade".

O *Reich* em Retirada

Militarmente, o *Reich* já sentia a pressão por volta de 1944. O Exército Vermelho obtivera ganhos consideráveis na Frente Leste e avançava sobre as fronteiras alemãs. A derrota infligida pelos russos aos alemães em Stalingrado, em 1943, deixara a *Wehrmacht* e seu alto comando desnorteados. Todavia, as forças alemãs tiveram um período para se recuperar e foram reforçadas para um ataque dos Aliados, mesmo não tendo certeza de onde esse ataque aconteceria. O que os alemães não conseguiriam suportar seria uma longa guerra de atrito. Os suprimentos do *Reich* estavam diminuindo cada vez mais e estava claro que seria impossível recuperar o que fora perdido, principalmente por causa do bombardeio aéreo pelos Aliados.

Hitler, por sua vez, continuava certo de uma vitória final. Os contratempos que frustravam suas conferências diárias eram, em sua opinião, causados por generais incompetentes da *Wehrmacht*. Seu discurso acalorado contra esses homens altamente condecorados e profissionais era terrivelmente rancoroso.

Em 4 de junho, as previsões meteorológicas eram atipicamente sombrias e Eisenhower, com relutância, tomou a decisão de adiar a invasão por 24 horas. Comboios de navios que já haviam começado a navegar para assumirem suas posições no dia 5 de junho voltaram atrás, pouco antes de entrarem no campo de visão dos inimigos. Tripulações dos submarinos-anões enviados para uma parte especialmente erma da costa da Normandia para servirem de demarcadores tiveram de ficar paradas no fundo do mar, em condições opressoras e asfixiantes, até que o tempo melhorasse. Embarcações que já haviam sido preparadas agora tinham de ser reabastecidas e reorganizadas. Tropas enjoadas tiveram de ficar presas nos navios enquanto seus comandantes esperavam nervosamente que o vendaval se dissipasse. Quanto tempo aqueles homens, preparados para a batalha e no auge da

A Frente Leste, 1944
Depois de três anos de amargos combates contra o exército alemão em seu solo pátrio, Stalin estava ansioso para que os Aliados ocidentais abrissem uma segunda frente na Normandia.

prontidão, poderiam ser mantidos em tão desconfortável isolamento?

A decisão dependia de um homem. Antes de chegar à sua conclusão final, Dwight Eisenhower saiu para uma silenciosa caminhada com o correspondente da NBC, Merrill Mueller. Mais tarde, Mueller comentou que o Eisenhower estava "cabisbaixo e preocupado... como se cada uma das quatro estrelas em seus ombros pesasse uma tonelada".

Os meteorologistas estavam convencidos de que o tempo ruim daria lugar a um dia claro. Entretanto, a previsão era de que o bom tempo permaneceria por 24 horas antes que as condições severas retornassem. Se o atraso fosse de apenas 24 horas, então seria necessária uma decisão final para que a cadeia de eventos começasse novamente. Se a decisão fosse adiada indefinidamente, seria preciso mais duas semanas até que a invasão pudesse ser tentada de novo. Eisenhower estudou as opções com cuidado antes de decidir que a invasão aconteceria definitivamente no dia 6 de junho.

Após sua decisão, o general enviou uma mensagem para as tropas.

Armada aliada
Uma frota de navios de desembarque dos Aliados abre caminho em direção à costa da Normandia. Os navios transportavam balões de barragem, para evitar ataques aéreos inimigos.

"Vocês estão para embarcar numa Grande Cruzada, para a qual nos esforçamos muito nesses últimos meses. Os olhos do mundo estão em nós. As esperanças e preces de todos aqueles que amam a liberdade, em todos os lugares, marcham com vocês. Na companhia de nossos aliados corajosos e companheiros de armas em outras Frentes, vocês destruirão a máquina de guerra alemã, porão fim à tirania nazista sobre os povos oprimidos da Europa e trarão segurança para todos nós em um mundo livre."

Em 5 de junho de 1944, a Operação *Neptune* - a parte marítima do Dia D - entrou em ação total. Milhares de embarcações se lançaram aos mares vindas da Grã-Bretanha, incluindo 1.200 navios de guerra, 4.126 embarcações de desembarque e 804 navios de transporte. A Grã-Bretanha forneceu a maioria dos navios, embora 17% tenham vindo dos Estados Unidos, incluindo 30 destróieres e alguns navios de Canadá, Holanda, Noruega, França e Grécia. Por um tempo, os mares na Ilha de Wight foram apelidados de "Piccadilly Circus", enquanto cada embarcação localizava seu lugar exato no comboio, de forma que todas se posicionassem na ordem correta de operação. Para alguns observadores, parecia ser possível caminhar pelo canal sem molhar os pés. Havia espaço suficiente nas águas para 1.400 pequenas embarcações de desembarque carregadas em transportadores pesados, assim como navios-hospitais, rebocadores, navios-tanques e navios mercantes transportando balões de barragem. Entre as embarcações havia 10 embarcações do tipo LB (K), que eram embarcações de desembarque com cozinha para fornecer refeições quentes para as tripulações das pequenas embarcações e soldados. Eram servidas 7.000 refeições por dia, assim como produzidos 2.200 quilos de pão. Nos céus, havia 10.000 aeronaves militares.

No comando geral estava o Almirante *sir* Bertram Ramsay, que havia se destacado durante a evacuação de Dunquerque. Por sua vez, o almirante dependia das habilidades de navegação de oficiais navais e pilotos, que por sua vez dependiam da precisão das informações reunidas pelo pessoal de reconhecimento nas praias, que haviam trabalhado na escuridão, colocando suas vidas em grande risco nos meses anteriores. A resposta naval alemã a este desenvolvimento foi insignificante. Quatro lanchas torpedeiras alemãs afundaram um destróier norueguês antes de abandonarem rapidamente a área. Dois destróieres americanos, o *Corry* e o *Meredith*, atingiram algumas minas e afundaram no Dia D, juntamente com algumas embarcações menores. As baterias alemãs em terra conseguiram apenas uma vitória significativa, contra um LCI britânico.

A bordo dos navios dos Aliados, havia 132.000 jovens destinados às praias. Esses homens aguardavam temerosos, incertos sobre o que os esperava. Alguns eram veteranos de outras forças invasoras, enquanto outros eram novatos, vendo este tipo de ação pela primeira vez. Eles conversavam, rezavam, escreviam cartas para casa e dormiam quando podiam. A convicção entre os homens era de que morreriam nas mãos dos defensores alemães. O caminho que haviam tomado era nobre, o de dar suas vidas pelo seu país, para o bem comum. Mas não devemos nos esquecer de que a maioria desses homens ousados, aqueles que desembarcaram na Hora H do Dia D, era de soldados relutantes.

A vasta maioria dos homens enjoava constantemente no mar. O peso da expectativa era enorme, mas até mesmo esta foi posta de lado pelos efeitos da náusea. O cabo Hughie Rocks, do regimento de infantaria Queen's Own Rifles, do Canadá, falou pelos muitos homens confinados em barcos nas águas da Normandia nas primeiras horas de 6 de junho, quando disse: "Não me importo se há 50 milhões de alemães na praia, apenas me deixem sair dessa porcaria de barco!".

Pensamos também no soldado alemão comum patrulhando a costa em 6 de junho, esperando que aquele fosse como qualquer outro dia. Enquanto o sol nascia sobre o canal, uma visão extraordinária seria revelada. As águas azuis foram escurecidas pela imensa armada de cascos cor de aço e os céus encobertos com ondas sucessivas de aeronaves, cujos ruídos combinados dos motores faziam tudo ao seu redor vibrar. O impulso para de virar e fugir deve ter sido enorme.

O Ataque Aéreo

Essa era a cena revelada para as patrulhas costeiras dos alemães. Eles não sabiam que aproximadamente 23.500 soldados americanos e britânicos já haviam desembarcado. Quando saltaram, os homens das divisões aerotransportadas sabiam da ameaça representada por fogo inimigo. Na realidade, houve pouca resistência organizada em terra, sendo que o maior perigo veio dos pântanos ao redor dos rios Douve e Merderete e do vale Dives, que havia sido inundado por Rommel na preparação contra a invasão. Um número desconhecido de homens se afogou ao ficarem presos nos leitos dos rios com seus equipamentos e muitos outros foram mortos em colisões de planadores. Vários paraquedistas ficaram desorientados e simplesmente se perderam. Todavia, os sobreviventes conseguiram chegar aos seus pontos de encontro ou se uniram àqueles encarregados de sabotar as comunicações alemãs e garantir a segurança de pontes vitais. Numa zona de salto, os paraquedistas americanos tiveram um começo instável em sua campanha. Aproximadamente 20 paraquedistas desceram na praça de uma vila, onde foram mortos instantaneamente ou aprisionados pela confusa guarnição alemã. O paraquedas de um dos homens ficou enrolado na torre da igreja. Ele ficou pendurado ali por mais de duas horas, se fazendo de morto, antes que os alemães o notassem e capturassem. Mesmo assim, ao amanhecer, homens da 82ª Divisão Aérea tomaram St. Mere Eglise, a primeira vila a ser libertada da ocupação alemã.

Ponte Pegasus

Os homens da 6ª Divisão Aérea Britânica tinham uma tarefa específica: capturar duas pontes que cruzavam o Canal de Caen e o Rio Orne, em Benouville. A força que guardava essa ponte controlava os movimentos das forças vindas das praias da Normandia para o leste, especificamente Pas de Calais. Se permanecesse em mãos alemãs, certamente seria usada livremente pelas divisões enviadas para defenderem a costa mais ao norte contra a invasão, depois de ter ficado claro que a ação já começara. Ela foi, desde então, chamada de Ponte Pegasus, em homenagem ao cavalo alado na insígnia da divisão.

Foi na Ponte Pegasus que a primeira vítima alemã foi abatida pelas tropas dos Aliados em terra. Era um jovem sentinela

Ponte Pegasus
Essa ponte importante sobre o Rio Orne foi capturada nas primeiras horas do Dia D pela 6ª Divisão Aérea Britânica e hoje leva o nome do cavalo alado no emblema da divisão

O Mais Longo dos Dias

No set do filme de mesmo nome estão os heróis que capturaram a ponte e os atores que trabalhavam nele (da esquerda para direita): Peter Lawford, Lord Lovat, Richard Todd e o major John Howard

que foi morto quando acendeu o sinalizador para alertar os soldados sobre a presença de paraquedistas inimigos. Momentos depois, a primeira baixa britânica foi causada pelos canhões alemães. Bastaram aproximadamente oito segundos para que o tenente Herbert Denham Brotheridge entrasse para a história como o primeiro soldado dos Aliados a morrer no Dia D.

Brotheridge era um inspetor de pesos e medidas na cidade de Smethwick antes de se voluntariar para o Exército em 1937. Três anos depois, ele se casou com sua namorada, Maggie, e sua primeira e única filha, Margaret, nasceu em 25 de junho de 1944, 19 dias depois de sua morte.

Se o tenente Brotheridge tivesse sobrevivido, seu sonho era jogar futebol profissional: antes da guerra, estava na reserva do Aston Villa.

O tenente foi especificamente escolhido pelo major John Howard para liderar uma das seis companhias de 30 homens em ação naquela noite. O planador do Brotheridge colidiu na aterrissagem com as defesas de arame farpado aproximadamente às 2 horas de 6 de junho e seus homens foram os primeiros a chegarem à ponte.

A história do tenente Brotheridge e do ataque audacioso desfechado por seis pelotões transportados por planadores do 2º Batalhão de Oxfordshire e da Bucks Light

Infantry (unidade de infantaria ligeira incorporada ao Royal Greenjackets) está entre as maiores aventuras da Segunda Guerra Mundial.

Mais tarde, a história seria dramatizada no filme *O Mais Longo dos Dias*, estrelando Richard Burton, Sean Connery e Robert Mitchum.

A filha de Brotheridge, Margaret, descobriu anos depois a verdade heroica sobre seu pai. "As balas o atingiram no pescoço, literalmente em questão de segundos. Eles conseguiram levá-lo para o café de Madame Gondrée na outra extremidade da ponte e ela estava com ele quando morreu, pouco tempo depois."

Antes do 50º aniversário do Dia D, Margaret visitou o café, a primeira casa na Europa ocupada pelos nazistas a ser libertada. Sem falar muito bem o francês, tudo o que pode fazer foi mostrar seu passaporte para Madame Gondrée.

"Ela me olhou fixamente por alguns segundos", recorda Margaret. "Em seguida, dispensou todos seus clientes, fechou a porta, se sentou e segurou minha mão em silêncio. Depois disso, preparou uma enorme refeição, que não conseguimos comer, pegou as flores de todas as mesas e as amarrou com uma fita com as cores da bandeira francesa. Em seguida, nos apontou o túmulo de meu pai. Ela fizera o possível para mantê-lo confortável quando ele morreu.

Madame Arlette Gondrée

Proprietária do Café Gondrée, na Ponte Pegasus, sua família foi a primeira na França a ser libertada pelas forças dos Aliados nas primeiras horas de 6 de junho de 1944.

Não conseguíamos falar sobre isso, mas, na realidade, nada realmente precisava ser dito."

Os membros da família da Madame Gondrée haviam arriscado suas vidas antes do Dia D para fornecer informações secretas sobre a ponte e suas defesas.

Outra fonte importante sobre as façanhas de seu pai tem sido o coronel David Wood, último oficial sobrevivente da operação Pegasus.

Ele e Brotheridge eram tenentes comandando pelotões e se conheciam muito bem. Eles passaram semanas treinando para o ataque, usando as pontes no Canal de Exeter e no rio Exe, em Exeter.

O coronel Wood, de 81 anos, que também foi ferido na Ponte Pegasus, lembra-se do tenente Brotheridge como um soldado extraordinário.

"Ele era um cabo do exército quando o major Howard reparou nele e o promoveu. Isso era algo extremamente raro. Não era fácil para um praça se tornar um oficial. Ele inspirava enorme respeito ao pelotão. Sua autoridade nunca foi questionada e, ainda assim, podia ir até os alojamentos e fumar um cigarro com seus homens, contar piadas e falar sobre futebol. Era excepcionalmente bem quisto e, por isso, sua morte afetou as pessoas profundamente. Não tenho dúvida alguma de que, se tivesse sobrevivido, teria sido condecorado com a Military Cross. Infelizmente, ele não viveu o suficiente."

Um Herói Abatido

O túmulo do tenente Herbert Brotheridge, o primeiro soldado dos Aliados a ser morto na libertação da França. A placa da família Gondrée em sua homenagem está à esquerda.

O coronel Wood revelou como as tropas aerotransportadas quase não conseguiram sair. Depois de três dias inteiros de treinamento nas duas pontes no Rio Exe e no Canal de Exeter, em Exeter, os homens receberam um dia antes e foram afoitos para os bares da cidade, enquanto esperavam pelas ordens para a invasão.

Muitos foram presos e detidos pela polícia, o que ameaçou enfraquecer seriamente aquela força-tarefa antes mesmo que deixasse a Inglaterra.

Segundo o coronel Wood, "Os homens estavam absolutamente cansados de verem aquelas pontes de treinamento. Noite e dia, passaram por uma série aparentemente infindável e complicada de treinamentos, atacando ambas as pontes de direções diversas usando várias manobras diferentes.

Por fim, se viram soltos em Exeter. Os bares foram invadidos, alguns beberam demais e janelas foram quebradas.

Foi necessária a intervenção pessoal do comandante de nossa companhia, um ex-policial, e um policial encarregado bastante compreensivo, ele mesmo um veterano da Primeira Guerra Mundial, para que todos voltassem para o acampamento sem maiores acusações.

O povo de Exeter foi realmente bastante compreensivo."

Outras tropas aerotransportadas conseguiram fazer uso do elemento surpresa no ataque, varrendo pequenas guarnições alemãs.

Em seguida, se prepararam para apoiar o influxo de tropas dos Aliados vindas da praia. Antes que essas tropas desembarcassem, os bombardeiros deveriam atingir pesadamente as praias para que fosse mais seguro cruzá-las. Esse foi o prenúncio de uma invasão iminente para a maioria da população francesa local. Muitos franceses se prepararam para a ação dos Aliados, embora a maioria tenha presumido que a invasão aconteceria nas praias e não em suas vizinhanças. Embora várias células da Resistência Francesa tenham recebido tarefas de assassinato e sabotagem, apenas alguns de seus homens conheciam a extensão dos planos dos Aliados.

Até mesmo os comandantes alemães não tinham certeza se o Dia D havia ou não começado. As condições meteorológicas adversas fizeram com que muitos achassem que a invasão não era iminente. Ela provavelmente aconteceria, acreditavam eles, quando o tempo melhorasse. Além disso, os ataques aéreos ao redor de Calais e a atividade aparente de tropas dos Aliados do outro lado do canal, em Kent, tornavam difícil determinar o destino das forças dos Aliados até que fossem realmente avistadas. A maioria das estações de radar alemãs na Normandia fora destruída pelas aeronaves dos Aliados. O restante mostrava que uma armada falsa, partindo de Dover, parecia mais ameaçadora do que a verdadeira ao largo das praias da Normandia. Ao redor de Le Havre, aeronaves dos Aliados lançavam as WINDOW, uma espécie de folha de alumínio que aparecia nas telas de radar como navios, ajudando a bloquear o tráfego de rádio. Além disso, bonecos de paraquedistas eram lançados, juntamente com os verdadeiros, para ajudar a confundir os alemães.

ORDEM DA BATALHA, DIA D
6 de junho DE 1944

Divisões dos Aliados	
21º Grupo do Exércitos	3ª Divisão Canadense
Segundo Exército (Britânico)	12º Grupo de Exércitos dos EUA
79ª Divisão Blindada	Primeiro e Terceiro Exército dos EUA
6ª Divisão Aerotransportada	82ª Divisão Aerotransportada
49ª Divisão (West Riding)	101ª Divisão Aerotransportada
50ª Divisão (Northumbria)	1ª Divisão de Infantaria
51ª Divisão (Highland)	4ª Divisão de Infantaria

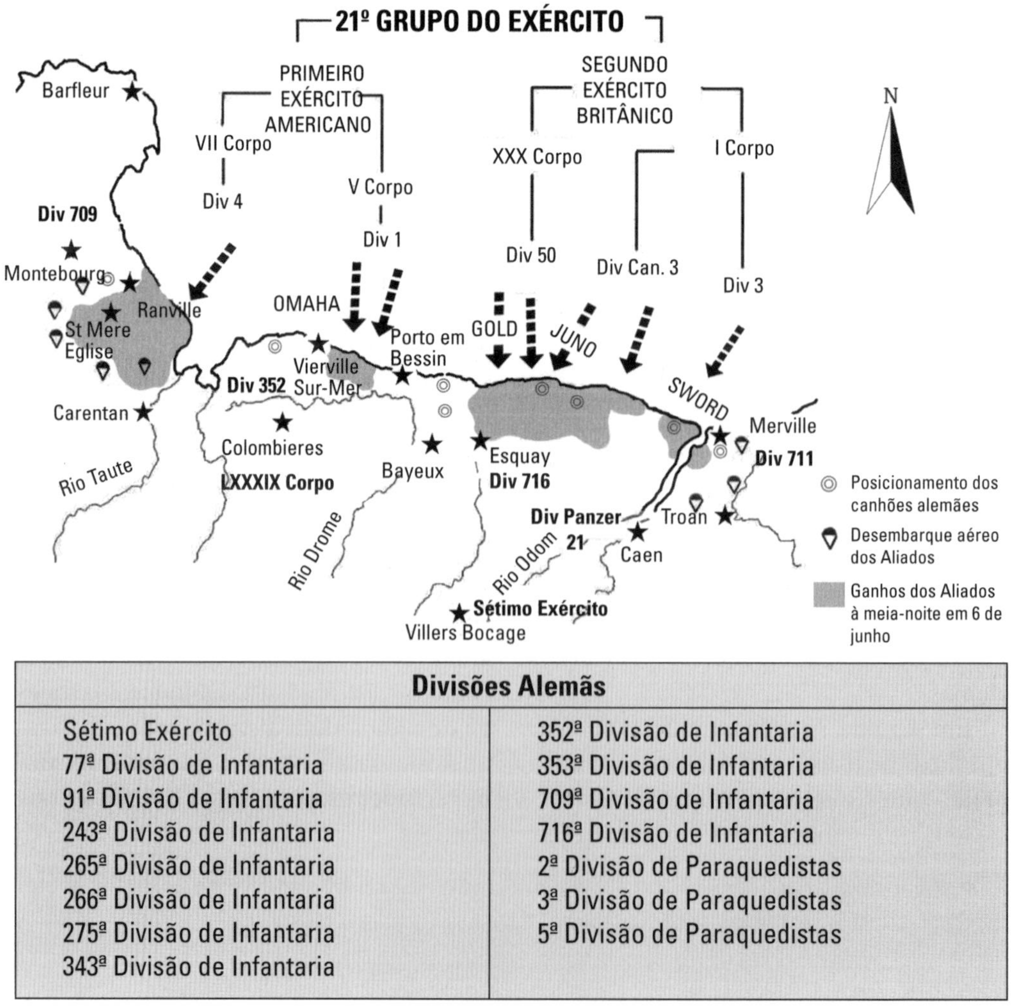

Divisões Alemãs	
Sétimo Exército	352ª Divisão de Infantaria
77ª Divisão de Infantaria	353ª Divisão de Infantaria
91ª Divisão de Infantaria	709ª Divisão de Infantaria
243ª Divisão de Infantaria	716ª Divisão de Infantaria
265ª Divisão de Infantaria	2ª Divisão de Paraquedistas
266ª Divisão de Infantaria	3ª Divisão de Paraquedistas
275ª Divisão de Infantaria	5ª Divisão de Paraquedistas
343ª Divisão de Infantaria	

Ataques Aerotransportados
Centenas de paraquedistas saltam sobre os campos da Normandia na parte aérea da Operação Overlord.

De Prontidão
Soldado americano se posiciona à frente de um planador Waco, na Normandia.

CAPÍTULO 2

Desembarques na Normandia

"Esta operação será a principal realização terrestre e aérea dos Estados Unidos e da Grã-Bretanha contra o Eixo na Europa."

Relatório dos Chefes de Estado-Maior Reunidos, Primeira Conferência de Quebec, agosto de 1943

Dez divisões aliadas, incluindo três divisões aerotransportadas, foram reunidas na Operação *Overlord*, além do apoio naval. Esperando por eles na Normandia, embora não em todas as praias, estavam 25 divisões costeiras fixas, 16 divisões de infantaria e paraquedistas, 10 divisões blindadas e mecanizadas e sete divisões de reserva.

No amanhecer cinzento do Dia D, os soldados de infantaria se prepararam para desembarcar nas praias da Normandia como um primeiro passo crucial para a liberação da França. As forças americanas da 1ª e da 4ª Divisão de Infantaria rumaram para as praias de codinome Utah e Omaha, enquanto a 49ª (West Riding), a 50ª (Northumbria) e a 51ª (Highland) britânicas, juntamente com a 3ª Divisão canadense, apoiadas pela 79ª Divisão Blindada, se dirigiam para as praias Juno, Sword e Gold. As cinco praias ficavam numa extensão de aproximadamente 80 quilômetros da costa e cada uma delas era larga e dividida em seções. As bombas das forças aéreas Aliadas frequentemente erravam seus alvos, de forma que algumas defesas permaneciam posicionadas. Embora algumas tropas tenham desembarcado sem dificuldades, outras numa zona vizinha na mesma praia desembarcaram sob fogo. As divisões da primeira leva de homens a cruzar as praias sofreram as maiores perdas. Uma mortalha de fumaça tornava o ar difícil de respirar.

Preocupados com a ameaça representada pelos canhões alemães, os comandantes britânicos retardaram os desembarques nas praias para que a artilharia naval e as aeronaves pudessem bombardear as praias mais intensamente. O bombardeio ocorreu durante todo o dia, ocasionalmente desprovendo os homens da cobertura de que tanto precisavam.

As forças de invasão britânicas também se beneficiaram de equipamentos conhecidos como "Hobart's Funnies" (engenhocas de Hobart), que eram diversas variações especializadas de tanques, projetadas pelo general Percy Hobart para ajudar os soldados de infantaria, que ficavam vulneráveis quando atingiam as praias. Essas "engenhocas" incluam o Crab (caranguejo), um tanque Sherman adaptado com um

Chegando às Praias
Infantaria dos Estados Unidos deixando sua embarcação de desembarque e rumando para a praia Omaha, sob fogo inimigo pesado.

dispositivo de acoites antiminas, o veículo de ataque AVRE (Assault Vehicle Royal Engineers), um tanque lançador de pontes e o Duplex-Drive, chamado de "tanque nadador", projetados para chegarem às praias antes da infantaria e dar cobertura.

As Praias dos Britânicos

Na praia Gold, os invasores se depararam com uma resistência alemã organizada e uma sólida seção da Muralha do Atlântico. Havia também mais obstáculos subaquáticos ali do que nas outras praias e, à medida que o dia progredia, as tropas na praia Gold, assim como nas outras praias, foram empurradas para a areia pelas águas da maré, frustrando os sapadores que não conseguiram completar a tarefa de limpar os obstáculos nas praias. Muitos morreram nas areias quando as praias foram varridas pelo tiroteio. Mas as balas alemãs não foram suficientes para parar o fluxo constante de homens, sendo que cada um deles tinha a tarefa, na praia ou além dela, de ajudar a garantir uma passagem segura para aqueles que vinham logo atrás. Os *pill boxes* (ninhos de metralhadora fortificados) e as plataformas de canhões acabariam destruídos por aeronaves ou pelos

Três Condecorados com a *Victoria Ross* (Cruz da Vitória)
Sargento-mor Stan Hollis, do Regimento Green Howards, condecorado com a Victoria Cross no Dia D, retratado no Palácio de Buckingham ao receber sua medalha. Com ele estão o major Sidney, dos Grenadier Guards (à esquerda) e o brigadeiro Campbell, dos Argyland Sutherland Highlanders.

canhões navais. George Laity, um canhoneiro com o 2º Devons, relembra:

"O bombardeio, o barulho, a infantaria, os pequenos barcos de desembarque... era tudo confusão e atordoamento. Os canhões alemães de 88 mm começaram a atingir pesadamente a praia. Minha companhia ficou presa e aquilo parecia que não ia ter fim."

No entanto, à tarde, os defensores haviam recuado. Os soldados que passaram mais facilmente pelas praias tiveram de lutar em dunas, pântanos e áreas rurais nas proximidades.

Um homem que participou da operação na praia Gold receberia mais tarde a *Victoria Cross* pelas suas ações. O sargento-mor Stan Hollis, de uma companhia dos Green Howards, destruiu sozinho um ninho de metralhadoras fortificado, além de atrair o fogo inimigo e evitar que outros dois homens fossem mortos. Sua citação oficial diz:

"Quando o tiroteio estava mais intenso, o sargento Hollis apareceu e, no decorrer de um esplêndido dia de serviço, demonstrou extrema bravura e, em duas ocasiões diferentes, sua coragem e iniciativa evitaram que o inimigo nos sobrepujasse em momentos críticos. Graças ao seu heroísmo e denodo, os objetivos da companhia foram alcançados e as baixas não foram maiores, e sua bravura salvou as vidas de muitos de seus homens".

No final do dia, as baixas na praia Gold totalizaram aproximadamente mil homens.

Dos 24.000 soldados que atacaram a praia Juno, 15.000 eram canadenses, enquanto 9.000 eram britânicos. Como nas outras praias, os homens da primeira onda foram prejudicados pelas embarcações emborcadas e pelos canhões inimigos. O ataque inicial dos bombardeiros Aliados fracassara em seu objetivo de fazer com que a passagem fosse mais segura. O diário de guerra do regimento Royal Winnipeg Rifles mostra que mais uma vez o bombardeio feito pelas aeronaves e pelos canhões da marinha falharam em reduzir significativamente as defesas.

O diário diz: "9:00 horas. O bombardeio não matou um único alemão nem silenciou uma única arma. Elas (as companhias do exército) tiveram de atacar a frio e o fizeram sem hesitar".

O diário de guerra do Queen's Own Rifles, regimento do Canadá, relata que às 9h40 "... foi avistado um café a apenas 100 metros da praia que acabara de abrir e atendia a todos normalmente".

O caos também reinava na praia Sword, embora mais uma vez os homens conseguissem rapidamente chegar às saídas da praia. Os defensores alemães, inicialmente surpreendidos pelo ataque, logo se recuperaram e impuseram forte resistência.

George Ross, de Glasgow, era sargento de um dos grupos na praia Sword, cujo objetivo era estabelecer uma rota segura para os tanques:

"Sinceramente, não posso dizer
se estava nervoso.
Estava ansioso, mas havia sido alertado
sobre o que esperar durante os últimos seis

Para as Praias
Os DUKWs americanos – caminhões de duas toneladas e meia adaptados com tanques de flutuação e propulsores – se dirigem para a praia Omaha.

meses de treinamento. Havia corpos na água, de britânicos e de alemães. Um dos oficiais nos disse depois que, quando ele vinha andando pela praia, parecia que estava andando em almofadas. Eram os corpos de soldados mortos sobre os quais ele caminhava."

Foi na praia Sword que lorde Lovat e seus seletos Comandos, incluindo antifascistas alemães, desembarcaram com o gaiteiro Bill Millin. Lovat andou pela água com o auxílio de uma bengala, de cabeça erguida. Ele havia recrutado Millin em contravenção direta ao regulamento do Departamento de Guerra. A ideia era levantar o moral, embora o gaiteiro (de gaita de fole) também servisse para atrair o fogo inimigo, para a preocupação dos soldados ao seu redor.

Mais tarde, Millin disse: "Os homens feridos ficavam chocados ao me ver. Eles queriam ver um médico. Em vez disso, viam a mim, em meu *kilt*, tocando a gaita de fole. Foi horrível, pois me senti impotente". Ele testemunhou um tanque Crab com seus açoites passar por cima de soldados aliados feridos, mas não teve muito tempo para pensar na tragédia. Logo estava de volta à ação tocando *Road to the Isles*, de um lado para outro na praia.

As Praias dos Americanos

Na praia Utah, os desembarques aconteceram como esperado. Isso principalmente porque as tropas aerotransportadas haviam nocauteado a resistência alemã antes que ela pudesse começar a revidar. Entre os 23.000 homens que desembarcaram na praia Utah em 6 de junho, houve apenas 197 mortos e feridos.

A história seria diferente na praia vizinha, Omaha, onde nuvens baixas impediram que os bombardeiros tivessem sucesso em seus ataques antes dos desembarques. Inicialmente, o bombardeio vindo dos navios de guerra também não foi suficiente, deixando incólume a maioria dos canhões alemães. Entretanto, quando as dificuldades enfrentadas pelas tropas na praia se tornaram evidentes, comandantes dos destróieres de apoio arriscaram tudo para levarem suas embarcações o mais perto possível da costa e dar o máximo de cobertura.

Avanço
Soldados da 3ª Divisão canadense se preparam para o ataque em Colombelle, Normandia.

Os defensores na praia Omaha eram veteranos da 352ª Divisão que, sem que os Aliados soubessem, haviam sido transferidos para lá em maio, quando retornaram da Frente Leste. Havia também defesas

construídas e instaladas para complementar os obstáculos naturais de penhascos e quebra-mares.

Na confusão, os tanques anfíbios foram enviados muito cedo e muitos afundaram com suas tripulações a bordo.

A maré baixa significava que os soldados tinham uma distância de centenas de metros para cobrir antes de alcançar o abrigo em terreno mais alto. Isso incluía zonas cobertas por defesas de praia. Onda após onda, os homens desembarcaram, pisando nos corpos de companheiros, para enfrentarem o massacre. Vários foram vítimas do fogo de metralhadoras assim que as portas das embarcações de desembarque se abriram, antes de colocarem os pés em território inimigo, caindo nas ondas manchadas de sangue. O progresso era dolorosamente lento entre os homens, atrasados pelos pesados equipamentos, pelas roupas molhadas e, é claro, pelo fogo inimigo. Os atiradores de elite acabavam com aqueles que conseguiam chegar à areia e descobriam que os ouriços e os obstáculos antitanques de aço não eram um abrigo adequado contra a chuva de balas que caia sobre eles.

Enquanto o dia amanhecia, a maré alta afogava os feridos que estavam em seu caminho e empurrava outros homens mais para a linha de fogo. As tropas e as máquinas de apoio foram mantidas acuadas pelas defesas de praia intactas, unidades se dividiram, comunicações por rádio não existiam, rotas de fuga estavam obstruídas por destroços. A confusão continuou por horas até que um avanço nas alturas da praia começou por volta do meio-dia. Foi somente à tarde que as tropas americanas na praia Omaha conseguiram silenciar os canhões alemães. As embarcações de desembarque que trouxeram os pobres soldados, cujos destinos já estavam selados, para a praia foram rapidamente colocadas em prontidão para realizar uma evacuação, embora isso não tenha sido necessário.

William Ryan, um jovem de 18 anos do 16º Regimento de Infantaria dos Estados Unidos, foi ferido ao desembarcar na primeira onda em Omaha.

"Fui atirado para o lado (de um LCVP) e desmaiei. Mais tarde me disseram que dois dos homens que estavam no barco comigo me arrastaram pela água e me encostaram em um barranco. Caso contrário, eu teria me afogado. Inicialmente havia 5 ou 6 soldados feridos comigo. De repente, eram centenas. Fiquei deitado na praia naquela mesma posição das 8h às 22h, quando fomos

Na Praia
O cenário na praia britânica quando ondas adicionais de tropas deixam os LCIs – embarcações de desembarque de infantaria – para assumirem seus postos na linha de frente.

evacuados. Tive alguns ferimentos, além de fragmentos de bala na minha cabeça, ombro e perna. Durante todo este tempo eu acordava e voltava a desmaiar, vendo a praia de Omaha.

Era uma coisa estranha. As tropas eram mantidas acuadas pelos canhões. Por fim, um destróier da marinha americana se aproximou o máximo possível da praia, sem encalhar, e começou a atirar em todos os posicionamentos de canhões alemães. Logo, outros dois ou três destróieres também começaram a atirar. Em minha opinião, isso foi o que salvou a praia de Omaha de uma derrota.

Mais tarde, me disseram que o comandante do navio tinha sido ordenado a voltar para uma posição segura. Aparentemente, ele disse que não ia voltar enquanto houvesse soldados americanos presos na praia. Ele poderia ter enfrentado a corte marcial pelo que fez. Entretanto, deveria ter recebido uma medalha."

Na realidade, o bombardeio naval se mostrou ineficaz contra os canhões alemães mais entrincheirados, embora tivesse sucesso contra posições menos fortificadas.

Harry Mannington era tripulante de uma embarcação de desembarque que se

Omaha Sangrenta

A luta pela praia Omaha, na visão de Dwight Shepler, artista oficial de combate da marinha dos Estados Unidos.

viu às voltas com a batalha na praia de Omaha quando o "mestre de praia", oficial responsável por manter o tráfego fluindo, não teve homens suficientes. Ele desembarcou sem armas e sem treinamento. "Eu estava por conta própria. Meu único pensamento era sobreviver. Era uma visão horrível, homens sem braços e aquela coisa toda. Eu ouvia pessoas gritando e chamando pelas suas mães. Mas se eu começasse a me preocupar com eles, logo estaria me juntando a eles. Eu pensei, que loucura é essa, como as pessoas podem fazer isso com as outras."

A contagem final de mortos em Omaha permanece incerta, mas acredita-se que 2.500 homens morreram antes que o Dia D acabasse. Talvez três vezes mais tenham sido feridos e três pares de irmãos estavam entre os que foram mortos. Só o V Corpo dos Estados Unidos sofreu 2.000 perdas. Depois disso, a praia ficou conhecida como "Omaha Sangrenta".

No final do Dia D – rapidamente apelidado de "o mais longo dos dias" – aproximadamente 155.000 soldados dos Aliados estavam em terra. Recrutas tornaram-se veteranos em apenas 24 horas. Eles aprenderam a pular por cima dos corpos de colegas sem contemplar a tragédia. Eles também trabalhavam instintivamente para salvar a vida de soldados camaradas sempre que possível. Alguns de seus lugares nas embarcações de desembarque que retornavam para a Inglaterra foram tomados por alemães prisioneiros de guerra. De certa maneira, o Dia D foi um fracasso, isto porque poucos, ou nenhum, dos alvos estabelecidos pelos planejadores militares foram alcançados. Os planejadores também haviam avaliado erradamente o efeito das fortes correntezas marinhas que tiraram muitos homens e embarcações de seu curso. E ainda assim, apesar da falta de conquistas, da falta de profundidade na invasão e do número alarmante de mortes (que era, na realidade, menor do que alguns temiam), a operação foi um sucesso retumbante. O planejamento cuidadoso havia rendido seus frutos e, em contraste com Dunquerque, as aeronaves dos Aliados dominavam os céus, deixando a *Luftwaffe* inerte. A corrente alemã na Europa ocupada havia sido quebrada. O punho fechado do *Reich* fora forçado a abrir seus dedos e seu aperto se afrouxara.

Na noite do dia 6 de junho, Winston Churchill falou à Câmara dos Comuns:

"Durante a noite e nas primeiras horas desta manhã, aconteceu o primeiro de uma série de desembarques no Continente Europeu. Neste caso, o ataque de libertação se deu na França...
Até agora, os respectivos comandantes relatam que tudo está indo de acordo com o plano.
E que plano! Essa operação vasta é, sem dúvida nenhuma, a mais difícil e a mais complicada que já aconteceu...
Já existem esperanças de que uma surpresa tática real tenha sido obtida e esperamos assolar o inimigo com uma sucessão de surpresas durante o curso da luta. A batalha que agora começou aumentará constantemente em escala e intensidade por muitas semanas e não é minha intenção especular sobre seu curso."

Hitler, por sua vez, estava mais do que disposto a especular sobre o curso vindouro da guerra, dizendo aos seus generais de alto escalão que deveriam celebrar os desembarques dos Aliados, pois agora pelo menos estavam ao alcance da *Wehrmacht* e poderiam ser destruídos. Mais uma vez, o otimismo de Hitler mostrou que não tinha fundamento.

Rememorando
Momento de reflexão silenciosa de um veterano dos desembarques na Normandia, no 60º aniversário do Dia D.

CAPÍTULO 3

Invadindo o Bocage

"Você sabe onde estamos indo. E vamos ficar lá até que o inferno congele ou que sejamos rendidos, o que acontecer primeiro."

Tenente-coronel William Yarborough, Exército dos Estados Unidos

As estradas britânicas, que nos dias e semanas que antecederam o Dia D retumbavam com o tráfego militar, agora estavam vazias. Os bares e clubes que haviam ecoado interjeições e risadas de soldados da Grã-Bretanha e do outro lado do Atlântico estavam desertos, porque os homens e as máquinas que haviam se tornado um elemento familiar da vida diária todos desapareceram do dia para a noite. Os moradores das vilas e cidades no sul da Grã-Bretanha ficaram se perguntando sobre o destino dos homens que eles passaram a conhecer muito bem.

Algo bastante parecido com aquela tranquilidade desconfortável que permeava o sul da Grã-Bretanha era sentido no norte da França. No entanto, as estradas da França foram, em contrapartida, repentinamente inundadas com tráfego quando os comandantes alemães tardiamente perceberam que a invasão havia começado. As unidades que haviam sido mantidas longe da costa da Normandia foram enviadas para lá rapidamente para conter o fluxo de tropas dos Aliados. Houve um atraso na cadeia de comando, pois os membros da equipe estavam temerosos em acordar Hitler para perguntar sobre as movimentações das tropas. A respeito de ter sido tardiamente informado sobre a invasão, ele disse àqueles ao seu redor que saboreassem a vitória inevitável.

Entre aqueles fora de suas bases estava Erwin Rommel, voltando apressadamente de uma pequena folga na Alemanha para seu posto. "Se eu estivesse comandando as forças Aliadas neste momento, poderia ganhar a guerra em 14 dias", confidenciou a um amigo.

Talvez, mas a tomada da Normandia provou não ser uma tarefa fácil. Três semanas depois do Dia D, as tropas americanas libertaram o porto peninsular de Cherbourg e levou até 18 de julho para que tropas britânicas e canadenses capturassem a cidade bem fortificada de Caen, apenas a 12 km da costa e que deveria ter sido tomada no primeiro dia da campanha pelos homens que desembarcaram na praia Sword. Em vista da consequência imediata do Dia D, os soldados na França e suas famílias em seus países reviveram o antigo adágio da Primeira Guerra Mundial: "acabará antes do Natal". Na realidade, o Natal de 1944 seria um dos mais

Uma Despedida Apressada

O segredo era parte vital da Operação Overlord e, como tal, mesmo os homens envolvidos na operação ficaram no escuro até o último minuto possível.

frios, mais sangrentos e, no geral, mais sinistros do conflito.

Parecia que os Aliados não conseguiam deslanchar em toda a Normandia. Os motivos iniciais para alguns dos atrasos fatais eram numerosos. Alguns homens cavaram trincheiras quando deveriam ter avançado. A falta de informações sobre a localização dos soldados alemães fez com que soldados cansados fossem lançados rápida e inesperadamente em batalhas – e fracassassem. Um contra-ataque ousado da 21º Divisão *Panzer* parou as manobras em Caen. Alemães por toda a Normandia lutaram com muito mais determinação do que geralmente era esperado. Houve um enorme caos, com homens separados de suas unidades e da cadeia de comando. As perdas continuaram se acumulando, mesmo depois do terrível Dia D, e o moral despencou quando períodos tensos de espera, espreita e caminhadas de um lado para outro passaram a ser a norma. Algumas vilas francesas foram tomadas e, em questão de horas, foram perdidas.

Frequentemente, a causa básica da falta de sucesso dos Aliados estava nas abordagens táticas questionáveis do comandante britânico, Montgomery, e do general americano, Omar Bradley. Algumas dessas decisões aconteceram por causa da tremenda falta de informações sobre a natureza da área rural da Normandia. A área era coberta por antigas cercas vivas, com alturas que variavam de 50 centímetros a 1,80 metros, crescendo no topo de barrancos, um sistema conhecido pela palavra francesa *bocage*. Embora as barreiras tenham sido feitas pelo homem, elas existiam desde a época dos romanos e estavam bem entrincheiradas.

De volta ao QG da Operação *Overlord*, onde a ênfase fora nitidamente uma operação bem-sucedida no Dia D, a existência do *bocage* havia sido notada, mas nenhuma teoria fora desenvolvida sobre como lidar com aquilo. Os planejadores não conseguiram definir se as cercas vivas iriam ajudar ou prejudicar o progresso de suas tropas. Apesar de inúmeros ataques simulados nas praias britânicas, não houve simulações de invasão envolvendo obstáculos similares.

De sua parte, o exército alemão havia ensaiado a defesa da região e avaliou corretamente que o *bocage* era um bônus para os defensores. Eles podiam contar com posições de tiro camufladas, enquanto as tropas dos Aliados só podiam contar com pequenos vãos para entrar nos campos, sem saber o que os aguardava do outro lado. Era preciso muita coragem para isso e apenas alguns se ofereciam para ir na frente. Como era de se esperar, muitos soldados resolveram reforçar sua determinação com grandes doses de "*calvados*", o licor de maçã local distribuído gratuitamente pela população local agradecida. Em alguns lugares, acredita-se que os efeitos do "*calvados*" foram quase tão prejudiciais para a determinação dos Aliados quanto a ação inimiga.

Inicialmente, os tanques dos Aliados foram totalmente inúteis contra o *bocage*. Enquanto eles tentavam transpassar as fileiras de cercas vivas, a parte de baixo dos tanques, que é menos espessa, ficava exposta ao inimigo, colocando sua tripulação em grande risco. Os engenheiros logo improvisaram poderosas lâminas de metal, recortadas de obstáculos da praia, para a parte da frente dos tanques. O sofrimento da luta no *bocage* serviu para diminuir o moral dos homens que, por sua vez, achavam que já haviam feito sua parte pela guerra na praia.

Uma luz no fim do túnel para os invasores era a possibilidade de convocar apoio aéreo, uma opção que não estava à disposição dos alemães, que sofriam com a falta crônica de aviões, pilotos e combustível. Quando os bombardeiros dos Aliados avistavam seu alvo, conseguiam acabar com posições fortificadas de canhões e amenizar a defesa de cidades e vilas. Os soldados alemães que não foram feridos ou mortos normalmente ficavam entorpecidos ou atordoados demais para continuarem lutando depois de serem pegos num fogo de artilharia intenso. Houve momentos, é claro, em que as bombas não atingiam seus alvos e caiam em cima de seus próprios soldados, infligindo destruição e despertando fúria em terra.

No amanhecer de 7 de junho, ou Dia D mais um, os Aliados ainda não tinham estabelecido uma frente unificada e com alguma profundidade ao longo de 80 km ou mais de costa, como os planejadores esperavam. As tropas das praias Gold e Juno haviam juntado suas forças e estavam próximas das tropas da praia Sword. A praia Utah e os bolsões de território além dela estavam nas mãos dos Aliados, mas o progresso das tropas na praia Omaha fora pouco e doloroso, bem aquém do pretendido. Todos os homens estavam exaustos pela falta de sono. Apesar disso, ainda

Área de *Bocage*
29 de julho de 1944: soldados da infantaria dos Estados Unidos avançam rapidamente por terreno protegido por metralhadoras em direção a posições inimigas defendidas por tropas da SS.

Vigilante

Tropas britânicas buscam por franco-atiradores em meio às ruinas de Le Bijudi, em Caen. Embora em retirada, o exército alemão e a SS lutam tenazmente por cada milímetro do território.

desfrutavam dos benefícios da artilharia naval. Esse bombardeio ajudou a manter os alemães acuados e as praias abertas, de forma que homens, alimentos, combustível, tanques e munição pudessem ser reabastecidos. A resistência em Bayeux, cidade histórica ao norte, mostrou-se insignificante e o local foi libertado naquele dia virtualmente intacto.

O repórter Bill Downs fala sobre o que aconteceu no local:

"Todos que tinham uma bandeira francesa colocaram-na para fora e em toda a cidade podiam ser vistas bandeiras britânicas, sabe-se lá de onde vieram... Mas não podemos dizer que foi uma recepção esfuziante. Foi mais uma recepção comedida e o motivo disso estava a apenas dois quilômetros e meio de distância. O estrondo dos canhões alemães e as rajadas de suas metralhadoras são lembretes para essas pessoas, que viveram sob a mira de metralhadoras por quase 4 anos, de que a libertação é algo com que elas precisam se acostumar.

Não podemos culpá-las por esse comedimento. Mas nossos blindados e nossa boa vontade estão, pouco a pouco, convencendo-as de que isto aqui não é uma operação Dunquerque e não é um ataque de Dieppe. O mais peculiar sobre esta batalha é que os civis franceses estão fazendo o que podem para ignorá-la. A apenas seis quadras daqui, uma metralhadora estava em operação enquanto os residentes de Bayeux tomavam seu café da tarde e as crianças brincavam nas ruas."

A confiança dos franceses no poder de resistência da invasão foi por fim endossada quando o líder da França Livre, general Charles de Gaulle, chegou vitorioso uma semana após a libertação.

Os Americanos em Cherbourg

Em vez de entrar em Cherbourg pelo mar, Eisenhower havia concordado que as forças americanas abrissem caminho de leste para oeste na península e depois subissem, sitiando o porto. Em 18 de junho, aquele braço de terra foi isolado pelas tropas americanas, embora o próprio Rommel tenha admitido que não houvesse nada que pudesse ser feito para salvar Cherbourg e a Península Cotentin, especialmente porque as defesas do porto estavam com pouca munição.

As linhas alemãs foram distendidas pela ação penetrante das tropas dos Aliados por terra e lutavam para tentar des-

Avanço dos Estados Unidos

Tropas de artilharia dos Estados Unidos avançam sobre terreno coberto de corpos de soldados alemães e gado em um pomar perto de Cherbourg.

cobrir como parar o avanço. Os aviões acuavam as colunas alemãs durante o dia, de forma que seus comboios só podiam se movimentar encobertos pela escuridão. Mais adentro na França e na Alemanha, ataques com bombardeios aéreos e ações da Resistência Francesa interrompiam ainda mais a linha de abastecimento. Parecia que a queda de Cherbourg e, depois, da Normandia era apenas uma questão de tempo. Ainda assim, Cherbourg se manteve firme. Tanto os planejadores do *Reich* quanto dos Aliados haviam identificado Caen, uma cidade dividida pelo Rio Orne, como um elemento decisivo na batalha pela Normandia. Assim, ambos os lados estavam bastante decididos a, respectivamente, manter ou capturar a cidade.

Montgomery em Caen

As forças de Montgomery foram inicialmente divididas pela 21ª Divisão *Panzer*, quando esta rapidamente chegou à costa da Normandia. A 21ª Divisão *Panzer* era apoiada pela 12ª Divisão *SS-Panzer Hitlerjugend*, um grupo de soldados extremamente patrióticos e capazes. As tropas britânicas e canadenses se viram acossadas na primeira semana da campanha.

O Tiger na Normandia

Soldados da Divisão SS Leibstandarte com seu Panzer Mk V1 Tiger E. O Tiger era o tanque superior da Frente Ocidental e representava uma séria ameaça para as tropas britânicas e as americanas.

Bomba voadora

A bomba voadora V-1 – uma aeronave sem piloto carregada de explosivos – em voo. Essas armas podiam causar estragos em Londres, mas teriam sido mais prejudiciais para os esforços de guerra dos Aliados se tivessem sido empregadas na França.

Alguns comandantes de tanques alemães também estavam um passo à frente. A 7ª Divisão Blindada de Montgomery se aventurou em Villers-Bocage, importante entreposto na rota para Caen, apenas para ser rapidamente expulsa depois de calamitosamente emboscada pelo 501º Batalhão de Carros de Combate Pesados da *SS*, uma unidade de elite equipada com o temido tanque Tiger e comandada pelo ás dos *Panzer*, *Obersturmführer* Michael Wittman, em 12 de junho.

Rommel e o marechal de campo Gerd von Rundstedt persuadiram Hitler a visitar a França para ajudar a avaliar a situação. Em 17 de junho, perto de Soissons, nos arredores de Paris, Rommel apresentou uma análise precisa dos invasores, de que estes tomariam Caen e depois seguiriam em direção a Paris. Sua proposta era, em resposta, reagrupar as divisões alemãs e atacar pelos flancos.

Uma testemunha, o general Speidel, descreveu Hitler como "cansado e sonolento, brincando nervosamente com seus óculos e alguns lápis de cor, que segurava entre os dedos. Ele foi o único que ficou sentado, arqueado, num banquinho enquanto os marechais de campo permaneciam de pé".

Armas Maravilhosas

O *Führer* quase nem percebia as palavras do experiente marechal de campo. Seus pensamentos estavam voltados para as bombas voadoras V1 e os bombardeiros a jato que, acreditava ele, trariam de volta a supremacia aérea para a Alemanha. As palavras que chegaram até Hitler soavam como "derrotismo" e ele consequentemente se recusava a permitir manobras cruciais das tropas solicitadas por Rommel, austeramente admoestando o marechal de campo sobre sua atitude. Punido por seu realismo, von Rundstedt foi obrigado a renunciar ao seu comando para ser substituído por um marechal de campo mais obediente, Gunther von Kluge.

Pássaro de Guerra

O Messerschmitt Me262, bombardeiro alemão a jato, fez sua aparição em 1945.

A primeira bomba V1("V" de *Vergeltungswaffe*, ou "arma de retaliação") havia sido lançada quatro dias antes. A arma fora desenvolvida na base secreta de Peenemunde e projetada não apenas para maximizar as perdas, mas também para levar terror à população civil. A aeronave movida a foguete Me163 Komet e o Messerschimitt Me262, um avião a jato de geração mais recente do que aqueles com que contavam os Aliados, estavam, na época, sendo preparados para ação e voariam em combates aéreos no outono de 1944. Após ter pilotado o ME262, o ás alemão Adolf Galland disse que era "como voar nas asas da ira" e acreditava que uma aeronave a jato era igual a cinco caças convencionais. Um tanque de nova geração e uma metralhadora com vários canos também estavam em desenvolvimento.

Hitler estava investindo todas as suas esperanças de arrancar uma vitória das garras da derrota com o programa de armas de Peenemunde, convencido de que a devastação que causariam forçaria os Aliados a reavaliarem suas estratégias. Os rumores sobre uma arma maravilhosa mantiveram a confiança de muitos alemães na habilidade do Hitler em nocautear seus inimigos num momento em que outros estavam certos de que falharia.

A bomba V1 chocou o público britânico, que vinha se preparando para algum tipo de retaliação por Hitler. Agora, o medo era de que ele tentasse uma vitória na Normandia atacando Londres. Para as pessoas comuns, a V1 parecia um avião pequeno, não tripulado, com apenas 8 metros de comprimento e 5 metros de envergadura. Em seu corpo havia 820 kg de explosivos. Lançada de rampas, alcançava velocidades de 600 km por hora antes de o motor apagar e o foguete cair no solo. Em 12 de junho, foram lançadas 10 V1s, mas apenas quatro atingiram o território britânico. Apenas uma aterrissou em Londres, onde matou seis pessoas. No entanto, a ameaça cresceu quando 100 bombas por dia passaram a ser disparadas em direção à Grã-Bretanha. A escritora Evelyn Waugh as descreveu como "tão impessoais quanto uma praga, como se a cidade tivesse sido infestada por insetos enormes e venenosos". Houve, então, uma segunda evacuação em massa de mulheres e crianças.

A bomba voadora, ou "bomba zumbidora", como ficou conhecida na Grã-Bretanha, não chegava sem aviso. Quando o som de seus motores cessava, havia apenas alguns minutos antes da explosão. Seu sucessor, o foguete de longo alcance V2, lançado pela primeira vez em setembro, era um assassino silencioso, viajando até seu alvo a 4.830 km por hora, carregando consigo uma ogiva de uma tonelada. Quando atingiu o solo pela primeira vez em Chiswick, oeste de Londres, em 9 de setembro, o tremor pode ser sentido a vários quilômetros. Os pilotos da RAF faziam o máximo possível para abater os mísseis no céu, longe de áreas habitadas.

O comando aéreo dos Aliados inicialmente ficou perplexo com os foguetes, ou mais especificamente, seus locais de lançamento bem protegidos. Novas bombas de 5.500 kg, conhecidas como *Tallboys*, foram lançadas pela RAF para atingirem os abrigos de concreto reforçados onde os foguetes "V" eram guardados. Os americanos tentaram carregar aviões antigos com explosivos e levá-los até um ponto fixo e abandoná-los, deixando que a aeronave, já sem o piloto, fosse guiada por controle remoto até o alvo. A experiência resultou na perda de vários pilotos, que morreram quando seus aviões explodiram prematuramente. Entre eles estava Joseph Kennedy Jr., irmão mais velho do futuro presidente americano John F. Kennedy.

Aproximadamente 8 mil V1s caíram sobre a Inglaterra até que, três meses depois do Dia D, as tropas americanas invadissem os locais de lançamento. O efeito das bombas teria sido pior se a produção alemã não tivesse sido retardada pelos ataques aéreos constantes. Dessa forma, a produção da V2 foi esporádica. O valor das armas no final provou ser maior para os Estados Unidos do que para Hitler, quando o encarregado da fabricação das bombas, Wernher von Braun, foi levado para os Estados Unidos depois da guerra para ajudar a desenvolver programas de foguetes e espaciais.

Na época da reunião de cúpula em Soissons, a fé de Hitler na V1 devia estar bastante abalada por sua aparente falta de impacto naquela semana, embora Josef Goebbels, o mestre da propaganda do Terceiro *Reich*, tivesse dito aos alemães que os mísseis haviam incendiado a capital e fez com que seus moradores fugissem.

Foi o próprio Hitler que deu um golpe na eficiência do Me262 ao exigir que a aeronave, além de ser usada como caça, fosse usada como bombardeiro. Essa ordem atrasou sua produção em massa até que a

Devolvendo o fogo
Uma patrulha britânica defende um bloqueio na estrada com um lançador de granadas, em julho de 1944. O inimigo está apenas a 200 metros à frente de suas posições.

guerra estivesse quase perdida. Se tivesse aparecido em combate contra os bombardeiros e caças dos Aliados no início de 1944, poderia ter esmagado a oposição e retomado a iniciativa para a *Luftwaffe*.

Nos depósitos, também estava a V3, um canhão com vários canos, capaz de atirar projéteis de 136 kg para o outro lado do Canal da Mancha, na velocidade de um projétil a cada seis segundos. Por mais hesitante que fosse o avanço dos Aliados, este se mostrou suficientemente rápido para destruir locais de lançamentos dos foguetes e desestabilizar o programa de armas. Entretanto, em uma época diferente, as armas teriam prolongado a guerra significativamente, especialmente se as novas aeronaves privassem os aliados da superioridade aérea. Se tivesse entendido completamente o trunfo que tinha em mãos – as ogivas nucleares – Hitler talvez tivesse direcionado seus cientistas para um rumo diferente, com resultados devastadores. No entanto, a Alemanha ficou refém de sua própria política de armas depois do Dia D e continuou a depender da artilharia puxada por cavalos na região.

No mar, a marinha alemã parecia bastante impotente na semana seguinte ao Dia D, quando o Canal da Mancha fervilhava com o tráfego da invasão. Lanchas torpedeiras e submarinos tiveram um modesto sucesso contra embarcações pequenas, mas acabaram rechaçados pelas forças antissubmarino britânicas.

Napoleão certa vez pediu ao exército que formasse generais sortudos. Os comandantes alemães também devem ter lastimado sua falta de sorte coletiva à medida que a campanha do Dia D se desenrolava. Ainda assim, as tropas dos Aliados também não tiveram muita sorte e continuaram tendo problemas que não eram causados por eles.

Em 19 de junho, as condições meteorológicas trouxeram as piores tempestades dos últimos 40 anos e rajadas de vento danificaram os portos Mulberry que estava no local havia apenas 3 dias, prejudicando seriamente o desembarque de suprimentos. Até então, o porto Mulberry que servia a praia americana havia, sozinho, permitido uma movimentação de carga diária que totalizava aproximadamente 14.500 toneladas. Somente em 29 de junho o porto Mulberry em Arromanches voltou a funcionar, enquanto o da praia Omaha, onde também foram destruídos 600 veículos, foi considerado perdido. Os problemas com o desembarque de suprimentos foram agravados pelo que aconteceu em Cherbourg.

Apesar do fato de seus homens estarem isolados sem esperança alguma de socorro antes do final de junho, Hitler exortava a defesa do porto até o último homem, "deixando para o inimigo não um porto, mas um campo em ruínas". Entretanto, com as tropas americanas em terra e os navios dos Aliados proporcionando uma barragem no mar, não fazia muito sentido montar uma linha de defesa que fosse totalmente sacrificada. O comandante de Cherbourg, general Karl-Willelm von Schlieben, tentou cumprir as demandas de Hitler e dos americanos, ao se render enquanto se recusava a entregar o porto. Porém, quando os soldados alemães viram seu líder abandonar o barco, eles o seguiram e se renderam. O porto caiu nas mãos dos Aliados do jeito que estava. Quando os americanos finalmente entraram em Cherbourg, encontraram todas as instalações portuárias totalmente destruídas e demoraria um tempo até que pudessem entrar e sair do porto capturado sem problemas. Pelo menos a linha de dutos para combustível, conhecida como PLUTO, entrou em operação no final de junho, bombeando 8.000 toneladas de petróleo por dia da Grã-Bretanha.

Os americanos agora olhavam para o sul, para as encruzilhadas nos caminhos até St. Lo. As esperanças de que a cidade seria um alvo fácil se mostraram falsas quando os soldados enfrentaram quilômetros e quilômetros de um desanimador *bocage*.

Operação Epsom

Ao leste, Montgomery enfrentava uma campanha morosa e prejudicada pelo tempo ruim. A Operação *Epsom* começou em 26 de junho, após um atraso de três dias causado pelas condições meteorológicas. A intenção de Montgomery era avançar para o sul e depois para o leste, descrevendo um semicírculo cuja maior parte era em terreno aberto, para tomar o terreno elevado ao redor de Caen. A operação iniciou com bombardeio de artilharia e limitado apoio aéreo. Ali aconteceram algumas das batalhas mais cruentas já vistas até então. No entanto, a 11ª Divisão Blindada posicionou tanques no Colina 112, tentando dominar o terreno elevado, o que acabaria por levar ao controle das pontes do rio Orne. Os soldados escoceses também se destacaram na ação.

Mais tarde, todos foram forçados a se retirar, embora tenha havido pouca resistência, na época, por parte do inimigo. O veterano Albert Figg revelou que Montgomery pediu uma retirada inesperada depois que os códigos dos alemães foram secretamente decifrados em Bletchley Park, revelando que três divisões *Panzer* avançavam com ordens para atacar a Colina 112. A dura resistência e a expectativa de que continuasse assim basicamente levou ao fim da operação, embora os blindados alemães tenham permanecido retidos no decorrer da ação.

Em 4 de julho, a 3ª Divisão Canadense entrou em ação na Operação *Windsor*, cujo objetivo era capturar a vila de Capiquet e seu estrategicamente importante campo de pouso. O apoio viria dos canhões do HMS *Rodney*, ancorado perto da costa, e dos bombardeiros Typhoon, que lançavam foguetes. Se a operação tivesse sucesso, os acessos a Caen pelo oeste teriam sido liberados. No entanto, os canadenses tiverem um sucesso apenas parcial e suportaram grandes perdas quando a tenaz 12ª Divisão *Panzer SS* se manteve firme durante os dois dias do ataque.

Em 7 de julho, bombardeiros estratégicos dos Aliados entraram em ação, a pedido das forças que tentavam capturar Caen e estavam numa difícil situação. Aproximadamente 2.300 toneladas de bombas foram lançadas no setor norte da cidade por 457 aviões da RAF, arruinando a área. A ação permitiu que a infantaria avançasse, mas as crateras causadas pelas bombas fizeram com que os tanques e os veículos blindados não conseguissem seguir em frente. Os soldados ficaram, assim, privados de proteção enquanto abriam caminho pelo entulho fumegante e ficaram vulneráveis à ação de atiradores de elite enquanto combatiam o inimigo casa por casa. A cidade destruída foi finalmente tomada, com um número alarmante de perdas por parte dos Aliados. Os alemães, contudo, se retiraram para posições de defesa mais fortes do outro lado do rio ali perto, permanecendo capazes de acossar as tropas dos Aliados se estas insistissem em avançar.

Três dias depois, a Operação *Júpiter* foi lançada com a intenção de retomar a Colina 112, perdida em julho com algumas baixas. O custo humano para tomá-la de volta seria enorme. Enquanto permaneceram ali, os alemães fortaleceram suas novas posições, desfrutando de um morro importante que lhes proporcionava uma visão clara da costa e de toda Caen. Numa luta desesperada, a 43ª Divisão Wessex ocupou o morro por 48 horas antes de ser batida por duas divisões *Panzer*. Só a divisão Wessex perdeu 2.000 homens e a batalha pela colina resultou num impasse. Formalmente, o controle mudou de mãos várias vezes antes que os combates cessassem, com o pico arborizado da colina virando "terra de ninguém".

Albert Figg é categórico sobre sua importância. "Foi a batalha que iniciou o fim da guerra. Se tivéssemos perdido aquele morro, teríamos sido empurrados para o mar. Na época, os suprimentos não chegavam por causa do tempo ruim. A vitória poderia ter sido tanto de um quanto de outro." Rommel também disse uma vez que quem conquistasse a Colina 112, controlaria a Normandia.

Figg, que se alistara no Exército Territorial em 1939, aos 19 anos de idade, fora convocado para o Regimento Wessex no final daquele ano e se lembra de ter sido enviado para Kent depois do Dia D para reforçar a proteção contra uma invasão dos alemães, numa época em que os suprimentos estavam tão escassos que havia apenas um fuzil para uma dúzia de homens.

Figg iria para a Normandia em 24 de junho, desembarcando na praia Gold e experimentando o terror de descer por uma escada de corda de um navio para uma embarcação de desembarque num mar tenebroso. Após remover a proteção à prova d'água de seu canhão de 25 libras, o artilheiro entrou em ação na vizinhança da estação de Bayeux.

"A Colina 112 é um pedaço de terreno elevado entre os rios Odon e Orne. Durante a Operação Epsom, eu disparava a uma distância de quase cinco quilômetros quando repentinamente chegou uma mensagem para que reduzíssemos consideravelmente nosso alcance. Imediatamente eu soube que estivera disparando em nossas próprias tropas."

Como parte da equipe de seis homens que operava o canhão, Figg foi novamente

Desarmando Minas
Tilly-sur-Seulles, 19 de junho: sapadores britânicos limpam campos minados depois de capturarem a cidade. Um transportador Bren, destruído pelas minas, jaz à frente.

chamado para a ação, sem intervalos, durante a Operação *Júpiter*, na qual o derramamento de sangue foi pior.

"Como artilheiro, você não vê seu alvo. Éramos chamados de 'atiradores de elite de oito quilômetros'. Naquela época eu estava em Carpiquet, a aproximadamente cinco quilômetros e meio da Colina 112. Durante os 12 dias da batalha, meu regimento (112º Regimento de Campo) disparou aproximadamente 65.000 projéteis de 24 canhões. Com o restante da artilharia mirando o mesmo alvo, provavelmente 1.000 toneladas de explosivos eram disparadas todos os dias na Colina 112.
Minha divisão era a principal força de ataque posicionada na linha inicial. Tínhamos ao nosso dispor o apoio de blindados pesados dos regimentos de carros de combate designados para nós. Era reconfortante contar com os tanques Churchill britânicos e os Sherman americanos enquanto nos preparávamos para a batalha. Para nosso horror, descobrimos que os nossos tanques de apoio não eram páreo para os imponentes tanques alemães Tiger I. Com menos metralhadoras e menos blindagem, nossos tanques se transformavam em armadilhas. Os alemães os apelidaram de Sherman 'Ronson' porque, quando atingidos, 'acendiam' sempre, iguais a um isqueiro Ronson.
Em apenas um dia, 50 tanques Churchill foram nocauteados e muitos de seus tripulantes foram mortos. A expressão 'nocauteado' foi o jeito que os soldados encontraram para fazer a coisa parecer menos escabrosa e, dessa forma, lidar com a maneira horrorosa como muitos tripulantes dos tanques morriam. Muitos ficavam presos dentro dos tanques para serem consumidos pelo fogo, gritando por socorro, sabendo que ninguém no coração da batalha conseguiria ouvi-los, muito menos fazer algo para ajudá-los."

Para honrar a coragem das tripulações dos tanques e as 7.000 perdas na Colina 112, Figg e seus companheiros de batalha da Associação do 43º Wessex fizeram uma campanha para colocar um tanque Churchill no topo da colina. Isso seria revelado 55 anos depois da batalha. Ele também se lembra de tragédias em escala menor, como a morte de um soldado britânico no dia antes em que sairia de licença, pois sua esposa havia dado à luz gêmeos. Ele foi morto quando um colega derrubou sua metralhadora Sten, lançando uma rajada de projéteis sobre ele.

Essa parte da campanha da Normandia foi um teste de resistência, tanto para os soldados dos Aliados quanto para os alemães. A linha de abastecimento dos Aliados também ficou muito comprometida, já que eram necessárias quantidades maciças de munição e tanques para substituir aqueles que eram destruídos.

Em seguida, veio a Operação *Goodwood*, concebida em parte pelo general *sir* Miles Dempsey, um colaborador próximo de Montgomery e comandante do Segundo Exército. Precedida por ataques aéreos, a operação começou em 18 de julho com o objetivo de alcançar Falaise, uma área mais plana do interior, mais adequada para veículos blindados, que prometia um progresso rápido para os invasores. O ataque aéreo maciço ajudou a garantir um início rápido para soldados e tanques. A ofensiva terminou com Caen sendo libertada das mãos dos alemães – 36 dias depois da data em que deveria ter sido tomada, no Dia D – e um avanço de aproximadamente cinco quilômetros em direção a Falaise. O avanço, contudo, foi obrigado a parar por um contra-ataque poderoso liderado por armas antitanques alemãs posicionadas em Bourguebus Ridge. A operação foi finalmente suspensa quando uma forte tempestade de verão, em 20 de julho, comprometeu ainda mais as tropas britânicas. Os ganhos foram poucos, enquanto as perdas totalizaram aproximadamente 4.000 homens e 500 tanques, mais de um terço do total com que contava a Grã-Bretanha na Normandia na época.

Montgomery alegava que a intenção era chamar a atenção das principais unidades *Panzer* para que os Estados Unidos pudessem continuar avançando sem elas em seu caminho. Seus detratores não tinham tanta certeza disso, acreditando que pelo menos uma das operações fora uma tentativa de avanço que fracassara totalmente.

O comando de Montgomery passou a ser contestado, uma vez que vários esforços para estabelecer a presença britânica na região deram em nada. Depois disso, o major Chester Hansen, que trabalhava com Eisenhower e Montgomery, revelou: "Ele era um bom comandante em situações fixas. Em uma situação móvel, achávamos que ele era um tanto lento para se movimentar e reorganizar o campo de batalha. Talvez, se estivéssemos na guerra a tanto tempo quanto os britânicos e sofrido as perdas que eles sofreram, também fossemos muito mais cautelosos".

No lado positivo, se os ganhos eram poucos, não havia sinais de que os Aliados seriam desalojados. Mais homens e suprimentos chegavam ao campo de batalha vindos das praias. O Primeiro Exército Canadense, liderado pelo general Henry Crerar, passou a fazer parte da esfera operacional de Montgomery em 23 de julho, enquanto o general George S. Patton trazia seu Terceiro Exército Americano para a ação em 1º de agosto. Como temia Rommel, uma vez que os exércitos britânicos, americanos e canadenses obtivessem uma posição sólida, seria duas vezes mais difícil deslocá-los.

Um resultado não programado para a operação de Montgomery foi a retirada de campo de seu antigo adversário no norte africano, Rommel. Depois de visitar uma unidade *Panzer* em Caen, o carro em que Rommel era passageiro foi atingido por um ataque dos aviões dos Aliados em 17 de julho. O general sofreu traumatismo craniano e não conseguiu permanecer em seu posto como comandante.

O Complô da Bomba em 20 de Julho

Isso foi um golpe duro para os alemães, mas que foi ofuscado pela notícia sensacional que viria da Alemanha três dias depois. Houve uma tentativa audaciosa de assassinato de Hitler quando o *Führer* se reunia com seus chefes militares em seu quartel-general no leste da Prússia. Aquele não fora o primeiro plano para eliminar Hitler, mas provavelmente foi o que mais se aproximou do sucesso. Um dos principais participantes do complô, Claus von Stauffenberg, levou uma bomba para a reunião, preparada para explodir depois que ele tivesse saído. Von Staunffenberg era um veterano das frentes alemãs na Polônia, França, Rússia e África. Foi ferido na Tunísia, perdendo o olho esquerdo, a mão direita e dois dedos da mão esquerda. Conforme o conflito prosseguia, ele acreditou que Hitler levaria a Alemanha a

O Resultado

Um abalado Hitler mostra ao visitante Mussolini seu abrigo devastado no "Covil do Lobo", seu quartel-general em Rastenburg, na Prússia.

um desastre. Mesmo assim, ainda era uma figura aristocrática e autoritária na hierarquia alemã e tinha a confiança do *Führer*.

Ao entrar na reunião de alto nível, von Stauffenberg colocou sua maleta com a bomba já armada embaixo de uma mesa grande de carvalho, cheia de mapas e documentos. Com o pretexto de dar um telefonema para Berlim, saiu e momentos depois ouviu-se o som de uma explosão.

Contrariando todas as expectativas, Hitler saiu cambaleando dos escombros, com apenas pequenos ferimentos. Logo, o ditador transformou o incidente em um golpe de propaganda política, alegando que sua sobrevivência era um sinal de que o destino queria que ele governasse o mundo ocidental. A primeira visita que recebeu foi de Benito Mussolini em uma viagem programada, depois deste ter sido expulso da Itália quando as tropas Aliadas consolidaram seus ganhos ali. Ambos concordavam que o destino teve um papel importante. Numa transmissão via rádio mais tarde naquela noite, Hitler afirmou: "Considero isso como uma nova confirmação da missão que me foi concedida pela Providência Divina para continuar em direção ao meu objetivo".

Nesse meio tempo, von Stauffenberg tomou um avião para Berlim onde ele e outros conspiradores começaram a tomar o controle do governo da Alemanha. Convencidos de que seu alvo havia sido destruído, eles tomaram as primeiras medidas para derrubar o nazismo. Mas a hesitação resultante de anos de lealdade inquestionável para com o ditador teve um preço muito alto para eles. Hitler logo estava no telefone para cancelar as ordens emitidas pelos conspiradores do alto escalão. O jogo acabou antes mesmo de começar.

Os oficias do alto escalão envolvidos, incluindo von Stauffenberg, foram executados imediatamente seguindo as ordens do general Fromm, em Berlim, que percebera que sua própria cabeça estaria em jogo se sua complacência com aqueles homens fosse revelada. Eles tiveram sorte. Começaria, ali, uma caçada humana cruel, em que outros envolvidos seriam enforcados com cordas de piano e pendurados em ganchos, uma visão horrível, supostamente filmada para consumo do próprio Hitler.

Isso fez nascer uma atmosfera de paranoia sem precedentes no *Reich* que pouco fez para ajudar sua causa no campo de batalha. Hitler passou a ficar cada vez mais convencido de que não podia confiar nos generais do exército e que apenas suas decisões deveriam ser consideradas. Quanto a Rommel, ele provavelmente teria se juntado aos conspiradores se estes tivessem sucesso e se ele estivesse bem e talvez encerrasse a batalha pela Normandia naquele mesmo dia. No entanto, sua distante associação com von Stauffenberg foi o suficiente para assinar sua sentença de morte. Ele preferiu cometer suicídio para poupar sua família da humilhação pública. Quando morreu, em 14 de outubro, sua morte foi anunciada como se tivesse ocorrido num acidente de carro. Rommel, na época com 53 anos de idade, fora o general mais bem-sucedido do Terceiro *Reich*: suas tropas na Normandia sentiriam sua falta nos meses que se seguiram.

Operação *Cobra*

Ansioso para impedir que as unidades *Panzer* chegassem ao seu palco de operações, o general Bradley concebeu a Operação *Cobra* para retirar as tropas americanas de St. Lo. Enquanto as forças americanas se direcionavam para o oeste, elas empurravam as forças alemãs para a costa do Atlântico. O tempo ruim em 20 de julho fez com que os bombardeiros de que o general tanto precisava para atacar alvos cruciais ficassem em terra. Houve um atraso de quatro dias antes que a operação pudesse ser iniciada, dando aos alemães um presente valioso: tempo. Em seguida, assim como nas operações britânicas, *Cobra* teve obstáculos onerosos, mas foi mais claramente definida e amplamente bem-sucedida.

O disparate dos bombardeios de saturação nas proximidades de tropas amigas ficou forçosamente destacado durante a Operação *Cobra,* quando dois incidentes com fogo amigo num período de alguns dias reclamaram a vida de 136 militares americanos, entre eles o general Lesley McNair, o oficial mais graduado dos Aliados a ser morto na campanha da Normandia. Mais de 620 homens ficaram feridos.

O primeiro ataque, envolvendo 1.900 bombardeiros carregando 3.950 toneladas de bombas, foi descrito pelo general Fritz Bayerlein, cujos homens eram o alvo.

"Os aviões continuavam vindo como se estivessem numa esteira e tapetes de bombas se desenrolassem em grandes retângulos.

Minha artilharia antiaérea quase nem reagiu quando suas baterias receberam ataques diretos que derrubaram metade dos canhões e silenciaram o restante. Depois de uma hora, eu não tinha comunicação com ninguém, nem por rádio. Por

Retorno Seguro

As tripulações dos bombardeiros da 9ª Força Aérea dos Estados Unidos deixam sua aeronave, um B26 Marauder, depois de retornarem de uma missão para dar apoio aos desembarques do Dia D na Normandia e interromper as linhas de comunicação e suprimentos alemãs.

volta do meio-dia, não se via nada, a não ser poeira e fumaça."

Depois disso, Eisenhower decretou que os bombardeios de saturação seriam usados contra as instalações alemãs em vez de apoio aéreo.

Nesse meio tempo, os soldados alemães que lutavam na Normandia criaram uma piada de mau gosto sobre a falta de suporte aéreo disponível para eles. Eles diziam que se vissem uma aeronave prateada, ela pertencia aos americanos; se a aeronave tivesse cores escuras, pertencia aos britânicos; se fosse invisível, era alemã.

Os combates de curta distância continuaram, e o fogo dos atiradores de elite permaneceu uma grave ameaça para as tropas dos Aliados. No entanto, em 31 de julho, os Estados Unidos conseguiram avançar por Avranches, numa conclusão bem-sucedida da Operação *Cobra* do general Bradley. Para britânicos e canadenses, o progresso ainda era pouco.

Havia também uma grande confusão causada por modificações constantes na linha de frente que separava as tropas dos Aliados das forças alemãs. Peter Strachan, da 147ª Brigada do Corpo Real de Sinaleiros do Exército, explicou como passou a noite dormindo com o inimigo.

"Sem que eu soubesse, os alemães nos haviam feito recuar. Eu estava dirigindo de acordo com o mapa que recebera. Estava muito escuro entre algumas árvores. Vi algumas trincheiras de aproximadamente 50 metros de comprimento. Elas pareciam boas e seguras, então parei o carro e pulei para dentro de uma delas para tirar um cochilo. Vi algumas sombras mais acima, há uns 20 metros de distância. Eles não falavam e eu não falei nada. Acabei cochilando. Quando o dia nasceu, as sombras seguiram em frente. Alguns homens da infantaria britânica chegaram mais tarde e perguntaram o que eu estava fazendo. 'Você não deveria estar aqui', eles me disseram, explicando que a área – e a própria trincheira – havia passado a noite nas mãos dos inimigos."

Se o progresso titubeante dos Aliados surpreendeu o público, ele não foi nenhum choque para Roosevelt que, em 6 de junho, havia previsto um caminho longo e árduo para as tropas, enfrentando um forte inimigo. "Ele poderá fazer com que nossas forças retrocedam. O sucesso poderá não vir rapidamente. Mas voltaremos a atacar, sempre."

A Selvageria da SS

Conforme se desenrolava, a batalha pela Normandia se tornava pano de fundo para muitos assassinatos a sangue frio. Em 8 de junho, enquanto tropas canadenses iniciavam uma das inúmeras tentativas para tomar Caen, aproximadamente 40 homens foram aprisionados por soldados do 2º Batalhão do 26º Regimento *SS-Panzer Grenadier* comandado por Wilhelm Mohnke, um homem que já era conhecido pela sua participação no massacre de prisioneiros de guerra britânicos que tentaram chegar a Dunquerque em 1940. Os desafortunados canadenses foram levados para um campo e mortos por guardas usando metralhadoras. Cinco homens escaparam para contar a história. Acredita-se que o mesmo grupo da *SS* tenha matado seis canadenses num posto de primeiros socorros na vizinhança.

Outros três prisioneiros canadenses foram executados em Forme du Bosq, quartel-general da Mohnke, enquanto o comandante assistia, impassível.

As ações dos alemães contra os residentes do pequeno vilarejo francês de Oradour-sur-Glane, perto de Limoges, é uma medida do pânico de alguns dos comandantes nazistas. Em 10 de junho de 1944, muitos quilômetros ao sul da zona de batalha da Normandia, os homens do vilarejo foram trancados em um celeiro e assassinados com uma saraivada de balas pelas tropas de elite da divisão *SS Das Reich*. Para as mulheres e crianças, o destino era a igreja. Quando as portas foram trancadas com os inocentes dentro, as tropas da *SS* lançaram explosivos no prédio e atiraram pelas portas e janelas. O calor infernal era tão intenso que os sinos da igreja derreteram e as 450 pessoas lá dentro não tiveram qualquer chance. Apenas sete pessoas sobreviveram.

Inicialmente, parecia que a atrocidade havia sido cometida como represália pela atividade da resistência na área. Havia a teoria de que as tropas de elite estavam tão frustradas com os atrasos e a incompetência em suas próprias fileiras que descontaram sua raiva no vilarejo. Mais tarde, surgiu outra explicação, a de

A Cidade que Morreu
A vila francesa de Oradour. Destruída pelas tropas da divisão Das Reich, da Waffen SS, a vila foi preservada como um memorial de seus infelizes habitantes.

que um comboio de saques nazistas havia sido atacado e roubado e os oficiais do alto escalão da *SS* ansiavam por encontrá-lo. Eles presumiram que os residentes de Oradour estavam envolvidos e, quando não houve mais informações sobre o roubo, não queriam nenhuma testemunha em potencial viva. A vila de Oradour foi preservada e está como foi deixada pela *SS*, como um memorial para aqueles que morreram e um lembrete da brutalidade que marcou partes da Europa naquela época.

As perdas foram altas e embora muito tenha sido alcançado, ainda havia muito a ser feito. A estrada que começava nas praias da Normandia acabava em Berlim. Era uma tarefa árdua e que constrangia os soldados, cujo humor flutuava do triunfante e orgulhoso ao rebelde. Um repórter da BBC usou as palavras de um líder de esquadrilha da RAF, L. Nickolls, para descrever os soldados britânicos na Normandia.

"Eu acho que uma das coisas de que nunca me esquecerei foi a visão da infantaria britânica, caminhando penosamente pelas estradas poeirentas da França, caminhando em direção à linha de frente, em fila única, cabisbaixos com o peso do equipamento empilhado em suas costas, armados até os dentes, caminhando de forma penosa, vagarosa e obstinada para a linha de frente, com o suor escorrendo pelas suas faces e os cantis esmaltados pendurados na cintura, nunca olhando para trás e quase nunca olhando para o lado – apenas olhando para frente e um pouco para baixo, para a aspereza da estrada, enquanto os jipes e caminhões e tanques e todo tipo de tráfego se amontoava ao seu redor, sufocando-os em grandes ondas e nuvens de poeira, que eles nem mesmo se dignavam a perceber. Era uma visão que, de certa forma, apertava o coração..."

Como um lembrete constante da magnitude do sacrifício no norte da França, há cemitérios de guerra espalhados por toda a região. Em cada cemitério dos Aliados, existem fileiras e mais fileiras de cruzes brancas (de soldados americanos) ou lápides brancas (de soldados britânicos e do *Commonwealth*), cada uma delas com um nome, uma patente e unidade e uma data, sublinhando o fato de que a matança continuou de 6 de junho até os meses do verão europeu, quando as tropas dos Aliados lutavam para trazer a Normandia de volta para o mundo livre. Enterrados estão os corpos de homens de Manchester, Montreal e do Mississipi, que foram unidos por um ataque heroico, mas desastroso para cada um deles, que mudou o curso da história. Os cemitérios são mantidos limpos e bem arrumados, como um tributo para aqueles que deram suas vidas. Igualmente penetrantes são os cemitérios alemães que guardam os corpos daqueles que morreram defendendo o *Reich*, como peixes pequenos engolfados por uma poderosa maré.

CAPÍTULO 4

Destruição de Varsóvia

"Gostaria de fazer um apelo à nação britânica. É simples: AJUDEM VARSÓVIA."
– aviador John Ward, no Levante de Varsóvia

Em 1º de agosto de 1944, o patriótico Exército Nacional Polonês começou uma revolta contra a ditadura nazista em Varsóvia com munição suficiente para durar 12 dias. Os revoltosos sabiam que os soldados do Exército Vermelho já avistavam a cidade, cruzando agachados o Rio Vístula. Rajadas regulares de metralhadoras davam a eles a certeza de que a ofensiva russa caminhava em direção à capital polonesa e pressionava as forças alemãs para uma retirada vergonhosa.

A Inglaterra e a França haviam entrado na guerra em 1939 quando a Polônia fora invadida pela Alemanha. O abatido país ficou imediatamente dividido entre a Alemanha de Hitler e a Rússia de Stalin, como resultado de um pacto secreto entre os dois líderes que inicialmente mantivera os soviéticos fora da guerra. Foi um episódio miserável na inconstante história da Polônia. Seu povo passara por cinco anos de ocupação por um invasor ou outro, mas agora, mais uma vez, ressurgia o sonho polonês de independência nacional.

Entretanto, Stalin não desejava uma democracia na Polônia. Ciente do sentimento antissoviético no país, ele se opôs diretamente a ter uma Polônia forte e independente na fronteira com seu país. Em vez disso, sua visão para a Europa pós-guerra era a de um estado-satélite que, por si só, dependeria de doações da Mãe Rússia para sua sobrevivência. Isso fazia parte de uma barreira para defender a Rússia soviética contra ataques futuros vindos do oeste.

Consequentemente, quando o levante começou, com 150.000 homens e mulheres tomando as ruas de Varsóvia, o Exército Vermelho ficou parado sem fazer nada. Quando as tropas alemãs se recusaram a sair e, ao contrário, lutaram cruelmente para suprimir a insurgência, os soldados russos não intervieram, embora os poloneses fossem aparentemente aliados.

A Reação de Stalin

Com um pouco de previdência, não teria sido tão difícil saber qual seria a reação de Stalin. Anteriormente, ele havia se recusado a reconhecer o Exército Nacional Polonês (também conhecido como Armija Krajowa ou AK) e já havia cortado relações com o governo polonês no exílio (seu massacre de 4.400 oficiais poloneses em Karyn Wood acreditava-se, na época, ter sido obra dos alemães). Ele acreditava ter obtido o apoio de outros líderes dos Aliados na conferência em Teerã, em 1943, para que a Rússia ocupasse parte da Polônia após as hostilidades, equivalentes àquelas concedidas pelo pacto de 1939

A Marcha da Morte

Civis judeus capturados que participaram das revoltas nos guetos judeus são encaminhados para fora da cidade pelas tropas nazistas, em Varsóvia, Polônia, 19 de abril de 1943. Os poloneses se revoltariam novamente em 1944, apenas para serem novamente massacrados.

com Hitler. Se o Exército Nacional tivesse hesitado por um momento, teria percebido que sua causa não ganharia o apoio dos soviéticos. No entanto, seu fervor nacionalista provou ser poderoso demais para ser contido.

Churchill e Roosevelt ficaram numa posição inconveniente. Ambos tinham vontade de ajudar os revoltosos na Polônia, mas não queriam perturbar seu aliado russo e, assim, arriscar seus planos como um todo, ou seja, a derrota total da Alemanha por uma força aliada unida. Era difícil contestar Stalin sobre a questão em Varsóvia, que alegava que seu exército estava enfrentando uma oposição alemã inesperadamente forte na região, e havia uma forte relutância em se envolver no que era essencialmente uma disputa de vizinhos. Churchill, na realidade, fez alguns esforços diplomáticos em nome da Polônia.

Contudo, em vista dos apelos de Churchill e do primeiro-ministro polonês no exílio, Mikolajczyk, Stalin tratou a situação em Varsóvia como "exagerada e enganosa". Mais tarde, quando os governos americano e britânico pediram permissão para usar os campos de pouso soviéticos para deixarem os suprimentos necessários aos combatentes poloneses, Stalin declarou a revolta como "uma aventura precipitada". A permissão necessária não foi obtida. Embora os patriotas poloneses tenham lutado nas ruas, casas e esgotos com bravura suicida, as tropas alemãs, muitas vezes comandadas por personagens revoltantes como o *SS-Brigadeführer* Oskar Dirlewanger, um criminoso sexual condenado, continuavam a suprimir a revolta com barbaridade espantosa. Os residentes, atordoados pelo som incessante das armas, se viram obrigados a comer carne de cães e cavalos.

Testemunha Ocular

Londres ficou ciente das atrocidades que aconteceram em Varsóvia depois do levante pelo tenente-aviador John Ward, operador de comunicação da RAF e fugitivo de um acampamento de prisioneiros de guerra alemão, que foi para Varsóvia lutar com o Exército Nacional.

Em agosto de 1944, ele enviou um relatório de Varsóvia, informando: "Aproximadamente 40 por cento do centro da cidade já estão totalmente destruídos. As forças alemãs não fazem distinção entre civis e tropas do Exército Nacional". Mais tarde, ele contou como uma coluna *Panzer* alemã usou 500 mulheres e crianças polonesas como escudos humanos.

À medida que a situação se deteriorava para o Exército Nacional, ele escreveu: "Senhores, as coisas mais necessárias são granadas, armas antitanques, metralhadoras pesadas, fuzis, munição de todos os tipos".

Uma semana depois: "A Polônia é um país que eu, como inglês, tenho orgulho de chamar de aliado. Ela não produziu um governo para cooperar com os alemães... Por isso, eu gostaria de fazer um apelo à nação britânica. É simples: AJUDEM VARSÓVIA".

Os poloneses mantinham sua fé nos britânicos, que de fato continuaram tentando ajudar, embora em escala menor. No entanto, quando os voos de ajuda humanitária saíram de Brindisi, na Itália, em direção a Varsóvia, foram derrubados por forças soviéticas. Como resultado, os aliados mantiveram distância enquanto a causa polonesa perdia cada vez mais a esperança.

Em 2 de outubro, dois meses depois do início da revolta, o exército alemão declarou vitória em Varsóvia quando os habitantes poloneses, cansados do combate, se renderam. O número de mortes foi enorme. Aproximadamente 500.000 residentes foram deportados e, imediatamente logo depois disso, aproximadamente 85 por cento da cidade foram demolidos. Em favor dos alemães, pode ser dito que estes trataram os poloneses como combatentes, o que significou destiná-los aos campos de prisioneiros de guerra, e não como guerrilheiros, o que significaria morte instantânea.

Uma Nação Abandonada?

Quando os russos finalmente libertaram a cidade em janeiro de 1945, descobriram que havia apenas 162.000 pessoas vivas da população original de 1.310.000 pessoas de antes da guerra, todas definhando de fome e se abrigando nas ruínas daquilo que antes havia sido conhecido como um local de fina arquitetura. A Polônia, que perdeu um quinto de sua população durante a Segunda Guerra Mundial, contribuiu imensamente para a causa dos Aliados ao fornecer informações valiosas sobre a máquina de codificação alemã e

Resistência do Gueto
Membros do Exército Nacional Polonês começam a lutar contra os ocupantes alemães. Entretanto, sua revolta corajosa acabaria em tragédia.

as bombas V1. Seu povo mostrou grande bondade com os prisioneiros de guerra mantidos em território polonês, muitas vezes repartindo suas escassas rações quando eles mesmos estavam morrendo de fome. Apenas alguns poloneses foram julgados culpados de colaborar com os alemães ocupantes. A crença de que a Polônia foi rejeitada pelos seus aliados na Segunda Guerra Mundial resiste até hoje. Curiosamente, em 2004, o chanceler alemão, Gerhard Schröder, emitiu um pedido público de desculpas aos poloneses. Precisamente às 17 horas do dia 1º de agosto de 2004, exatamente 60 anos depois que a revolta começou, Schröder colocou uma coroa de flores em memória dos 250.000 poloneses que morreram na batalha que durou 63 dias (o pai do chanceler Schröder, o cabo Fritz Schröder, morreu em outubro de 1944 lutando contra o Exército Vermelho na Romênia quando o chanceler tinha seis meses de idade).

CAPÍTULO 5

Bolsão de Falaise

As aeronaves dos Aliados formavam filas para "praticar tiro ao alvo" nas colunas inimigas, destruindo milhares de veículos por dia

A inação dos Aliados fica ainda mais aflitiva quando lembramos que muitos poloneses lutavam contra a Alemanha na campanha da Normandia em andamento. Além das tropas polonesas, britânicas, canadenses e americanas, havia também australianos, neozelandeses, tchecos, holandeses livres, gregos, noruegueses, alguns irlandeses, franceses livres e antifascistas alemães.

Nas fileiras alemãs, havia romenos, russos, húngaros, ucranianos, letões, lituanos, franceses a favor dos fascistas e colaboradores que lutaram na divisão Charlemagne durante a defesa de Berlim. A Legião da Índia Livre, nacionalistas que buscavam expulsar a Grã-Bretanha do subcontinente, também lutou pelos alemães. Algumas dessas tropas foram recrutadas entre prisioneiros de guerra ou trabalhadores escravos e acreditavam que o combate era o menor dos males.

A Operação *Cobra* havia sido temporariamente interrompida por uma contraofensiva alemã, conhecida como Operação *Luttich*, em 7 de agosto, em Mortain. Mas ela rapidamente retomou força, trazendo tropas pelo sul e pelo oeste, vindas de Avranches. Uma divisão francesa sob o comando do general Philippe Leclerc (um pseudônimo usado para proteger sua família que morava na França ocupada) fazia progresso rápido vindo do sul. Nesse meio tempo, combatentes canadenses, poloneses e britânicos chegavam aos montes, vindos do norte, na Operação *Totalize*, que começou em 8 de agosto.

Os Aliados conceberam a Operação *Tractable* com o objetivo de cercar o Sétimo Exército alemão, que até então fora obrigado a manter sua posição, sem esperanças, por causa da recusa de Hitler em permitir sua retirada. Na realidade, Hitler estava ansioso para ver seus generais montarem outra contraofensiva contra os americanos, independentemente do custo humano. Convencido de que a derrota que se divisava na Normandia era culpa de fracos e mesmo da insubordinação entre os oficiais do alto escalão, Hitler substituiu o marechal de campo von Kluge, comandante em chefe de operações no oeste, pelo marechal de campo Walther Model.

Os principais elementos da Operação *Tractable* foram conhecidos pelos alemães quando um oficial canadense, carregando um mapa da operação, foi capturado depois de ser separado de sua unidade.

No Bolsão de Falaise
Tropas canadenses e britânicas avançam em direção a Falaise, na estrada de Caen, em 11 de agosto de 1944. Os incêndios foram causados pelo pesado bombardeio dos Aliados.

Dessa forma, os alemães identificaram um corredor pelo qual escapar para o leste e sabiam onde melhor montar suas defesas contra a investida dos Aliados. Este ficava num ponto a sudeste de Falaise, especificamente na vila de Chambois, e significava ter de cruzar o Rio Dives. Para ajudar, o II Corpo *SS Panzer*, que já tinha saído da Normandia, retornou para defender a passagem aberta, permitindo que o máximo possível de oficiais e soldados alemães fugissem por ali. Em 16 de agosto, a passagem tinha 18 quilômetros de comprimento. Dois dias depois, media apenas 8 quilômetros e continuava encolhendo. Sentindo sua destruição iminente, as unidades alemãs continuaram avançando, frequentemente cruzando com patrulhas dos Aliados em seu caminho.

Estradas e campos eram cenário de uma retirada desordenada, embora em plena vista dos soldados canadenses e polonesas que avançavam pelo topo das colinas vizinhas. O progresso dos alemães era constantemente interrompido pelos bombardeios de aeronaves dos Aliados, que algumas vezes tinham de formar filas para se revezarem e praticar "tiro ao alvo" nas colunas alemãs, destruindo literalmente milhares de veículos todos os dias. As perdas, incluindo cavalos mortos e destroços,

Lembranças da Guerra
Após varrer a última resistência alemã na área do Bolsão de Falaise, soldados de infantaria dos Estados Unidos mostram uma bandeira com a suástica capturada na frente de um tanque alemão destruído.

logo se amontoavam nas estradas, retardando os alemães ainda mais. Homens feridos muitas vezes eram abandonados em valas na beira das estradas. Em 19 de agosto, o dia em que o marechal de campo Van Kluge cometeu suicídio tomando cianureto, as tropas alemãs receberam a ordem: "Cada homem por si".

A Fuga

O general Kurt Meyer estava entre aqueles que escaparam para o leste. "O inimigo ficava nos topos dos morros atirando incansavelmente no bolsão. A maioria das vítimas pertencia às unidades de apoio da infantaria que permaneceram no bolsão com seus transportes puxados por cavalos. Sem liderança, eles corriam por suas vidas."

A ação em Falaise dizimou sua divisão que, no começo de junho, tinha 20.000 homens, com aproximadamente 150 tanques à sua disposição. Por volta de 25 de agosto, ela tinha menos de 300 homens e havia perdido todos seus tanques e artilharia.

Meyer foi capturado mais tarde e julgado pelo assassinato de prisioneiros canadenses na Normandia. A pena de morte foi comutada para prisão perpétua e, depois, para 14 anos. Ele foi solto em 1954 e morreu em 1961.

A batalha ao redor do Bolsão de Falaise mostrou-se uma das mais ferozes e mais custosas da campanha da Normandia. Entre os alemães, o corredor era conhecido como a "Estrada da Morte", onde aproximadamente 10.000 de seus companheiros foram mortos. Pelo menos uma tentativa de fechar o bolsão falhou, depois de uma investida desesperada pelos alemães. Os combatentes mais tenazes do *Reich* foram os da Juventude Hitlerista, a 12ª Divisão *SS-Panzer Hitlerjugend*. Embora não tenha sido nada bonita, a retirada alemã pelo Bolsão de Falaise foi um golpe de mestre militar, em termos equivalentes ao da fuga britânica em Dunquerque.

Na tarde de 21 de agosto, o bolsão foi finalmente fechado quando colunas de tropas dos Aliados se uniram. Nenhum outro soldado alemão conseguiu fugir para lutar outro dia. Depois de um apelo feito por um padre francês, um comandante alemão encurralado permitiu que 150.000 homens que ainda estavam confinados no bolsão se rendessem em vez de lutarem até a morte.

Destroços humanos e materiais, no entanto, ainda enchiam o vale e o cheiro de corpos queimados estava no ar. Essa foi a visão que os soldados dos Aliados levariam para casa consigo, juntamente com a soma total de suas ações.

John Warner, um observador do 344º Batalhão de Artilharia de Campo da 90ª Divisão de Infantaria, testemunhou o que ocorreu e mais tarde deu seu veredito sobre a batalha em Falise. "O que eu vi no Bolsão de Falaise foi nojento, revoltante. Vou contar e não tenho vergonha de ter feito parte daquilo porque era uma necessidade... era um trabalho que eu precisava fazer. Mas não importa quem você é ou que tipo de pessoa você é, é difícil."

Para as tropas dos Aliados, sobrou a tarefa de fazer uma varredura em busca de minas, enterrar os mortos e passar a escavadeira na estrada para retirar os destroços distorcidos de equipamentos.

Havia discussões entre os comandantes Aliados sobre como tantos alemães escaparam. Alguns dos comandantes americanos culpavam os britânicos, acreditando que Montgomery deveria ter fechado o bolsão de Falaise bem antes em vez de simplesmente pressionar as unidades alemãs nos flancos para aprisioná-las no bolsão. No entanto, os comandantes dos Aliados como um todo estavam ansiosos por diminuir as perdas entre seus próprios homens e agiram de acordo. O general americano Omar Bradley estacionou os americanos em Argentan para evitar incidentes de fogo amigo entre eles e os canadenses. Ele observou: "Eu prefiro muito mais um pé firme em Argentan do que a possibilidade de um pescoço quebrado em Falaise". Foi uma vitória ou uma derrota que ajudou a prolongar o conflito? Qualquer que seja a opinião, a batalha pela Normandia estava quase chegando ao fim. As tropas dos Aliados continuaram atormentando os alemães que batiam em retirada, dirigindo-se para o Sena e depois para os Países Baixos ou a própria Alemanha. A perseguição foi amenizada pela falta de combustível.

Havia também bolsões de resistência alemã nos portos do Canal da Mancha, que demoraram a ser derrotados, mas esses nunca chegaram a ameaçar seriamente a posição dos Aliados na Normandia.

CAPÍTULO 6

Libertação de Paris

O comandante alemão de Paris, general von Choltitz, corajosamente ignorou as ordens de Hitler para fazer de Paris "uma Stalingrado do oeste" e iniciou conversações com a Resistência.

Os problemas dos alemães, no entanto, estavam longe de acabar, com uma força de invasão adicional desembarcando na Riviera Francesa em 15 de agosto. Esta havia sido originalmente conhecida como Operação *Anvil* e estava programada para acontecer simultaneamente aos desembarques na Normandia. Os comandantes britânicos não estavam muito entusiasmados com a sua organização, mas os americanos acreditavam que ela era essencial. A falta de embarcações anfíbias fez com que fosse adiada até meados de agosto quando, renomeada de Operação *Dragon*, seguiu em frente, formada por divisões do exército americano e da França Livre com o objetivo de tornar Marselha um porto de suprimentos. Embora fosse, por natureza, uma operação secundária, mesmo assim consistia em 880 navios e 1.370 embarcações de desembarque. Aproximadamente 5.000 homens foram lançados de paraquedas por trás das linhas inimigas, jorrando de 396 aeronaves de transporte. O primeiro vilarejo a ser libertado no sul da França foi Le Motte, ao ser tomado pela companhia B do 6º Batalhão de Paraquedistas.

Os alemães ficaram perplexos ao ouvir sobre o influxo de tropas dos Aliados em Toulon e dedicaram bastante tempo e energia para formular uma resposta. Na realidade, os "invasores" eram 600 bonecos paraquedistas adaptados com dispositivos para parecerem pequenas armas de fogo.

As perdas sofridas durante a Operação *Dragoon* foram comparativamente mais leves e os invasores tiveram um progresso gratificantemente rápido, capturando seu alvo dentro de oito dias. Um dos correspondentes de guerra, Wynford Vaughan Thomas, lembrou-se de que ela ficou conhecida como "campanha do champanhe" depois que ele e outros invasores foram recebidos na praia por um francês carregando uma bandeja com uma garrafa de champanhe e taças. "Bem vindos, vocês estão um pouco atrasados", o francês os repreendeu. Depois disso, as tropas aliadas começaram a limpar a área na França de Vichy. Seria apenas uma questão de tempo antes de os Aliados voltarem sua atenção para a capital francesa.

Nas Barricadas

Encorajados pelo som da artilharia dos Aliados ao redor da cidade, os cidadãos de Paris pegaram em armas para lutar contra o exército alemão de ocupação.

A Revolta Popular

Em Paris, as emoções que ferviam sob a superfície de toda a França foram despejadas num tipo de caldeirão. O povo francês orgulhoso e patriota, que havia vivido sob o regime opressivo alemão por quatro anos, estava no seu limite. Para eles, a ocupação não era nada mais do que uma vergonha. E havia outros que compartilhavam os sentimentos antissemita dos nazistas e cooperavam com eles. Aqueles que antes eram gratos por uma oportunidade na estrutura administrativa imposta pelos ocupantes alemães agora temiam que o poder do regime de Hitler se esvaísse. Esperando por eles, estava a vingança da Resistência, grupos terroristas urbanos e rurais que eram pequenos, porém ativos, e que conduziam operações secretas contra as tropas alemãs sob a ameaça de consequências terríveis. Ninguém sabia exatamente o número de pessoas que agia na Resistência Francesa, mas uma estimativa bastante razoável considera que, em 1943, aproximadamente 100.000 pessoas estavam sob o comando da organização. Uma vez acionada, não havia certeza sobre quem conseguiria refreá-la. Os comunistas que usavam braçadeiras com martelos e foices também buscavam vingança. Pegos no meio dos sentimentos antigermânicos estavam pessoas comuns, que haviam negociado com os alemães porque era a única coisa que podiam fazer. Havia mulheres que namoraram alemães porque

Paris Libertada
Soldados da infantaria americana marcham em triunfo pelos Champs Elysee após a libertação de Paris, agosto de 1944.

não havia mais ninguém por perto e mulheres que viram as necessidades sexuais dos soldados alemães como um modo de alimentar seus filhos. Algumas até se apaixonaram. Uma grande parte da população colaborou para manter um estilo de vida confortável. Mas por volta de agosto de 1944, uma sensação entre os franceses ultrapassou o medo, a frustração ou o desejo de vingança. Foi a fome.

A vida sob ocupação alemã limitou a liberdade pessoal da população francesa e feriu seu orgulho, mas ela ainda não tinha afetado demais o conteúdo de suas despensas. Depois da invasão do Dia D, o suprimento de provisões da área rural da Normandia para a cidade havia sido interrompido repentinamente. Do mesmo modo, as fontes de alimentos da França de Vichy também haviam secado. A chegada das tropas de libertação significava um fim à privação e apenas isso já garantiria uma acolhida calorosa para os soldados aliados. Em meados de agosto, os Aliados estavam tão próximos de Paris que a libertação certamente aconteceria em questão de semanas. Na realidade, os parisienses decidiram que não conseguiriam esperar tanto tempo.

Ao escutarem o som reconfortante das armas dos Aliados nos limites da cidade, os membros da Resistência começaram uma revolta em Paris, no dia 19 de agosto, na qual os franceses desesperados e dedicados se lançaram, pobremente armados e sem treinamento, contra as forças alemãs ocupantes. O resultado só poderia ser um, dada a proximidade do exército da França Livre, seguido de perto pelos americanos.

Ainda assim, muitos patriotas morreram nas lutas de rua, e ninguém poderia tirar da Resistência a enorme vitória que ajudou a eliminar quatro anos de humilhação. A decisão dos Aliados de retardar a libertação de Paris para evitar infligir perdas aos civis foi cancelada, e o general Leclerc enviou adiante uma divisão blindada, que chegou nos arredores da cidade no dia 24 de agosto. Naquela mesma noite, Charles de Gaulle fez uma caminhada triunfante ao longo dos Champs Elysees, independentemente da ameaça constante do fogo dos atiradores de elite alemães.

No dia 25 de agosto de 1944, os sinos das igrejas parisienses badalaram para celebrar o fim da ocupação alemã. Na maior parte, a população estava eufórica, levando Simone de Beauvior a conclamar uma "orgia da fraternidade". Os colaboradores, no entanto, temiam as inevitáveis represálias. Para as mulheres consideradas culpadas de "*colaboração horizontal*", isso significou serem desnudadas e terem suas cabeças raspadas nas ruas. Com seu próprio sangue, elas eram marcadas com os símbolos de suásticas e tinham que desfilar em frente aos seus vizinhos desdenhosos. As mulheres eram então banidas da sociedade, enquanto seus filhos ilegítimos foram publicamente ridicularizados por muitos anos depois.

A justiça das multidões era especialmente severa para aqueles cuja denúncia de um amigo ou vizinho para as autoridades alemãs havia acabado em tragédia. O pior estava reservado para os membros da milícia armada pelos alemães que realizavam operações, durante a ocupação, contra a Resistência.

Por toda a França, as histórias de vingança contra os colaboradores ocasionalmente chegaram à imprensa local. É impossível verificar hoje, mas existem relatos de um padre prisioneiro que teve suas unhas e cabelos arrancados e suas costelas quebradas. Outro padre foi forçado a cavar sua própria cova e foi enterrado vivo depois que suas genitálias foram cortadas. Alarmado pela perspectiva de um conflito civil, Charles de Gaulle ordenou uma investigação depois da guerra que revelou terem acontecido 4.167 execuções sumárias de franceses por franceses depois do Dia D. Em janeiro de 1945, a polícia francesa lidou com 42 execuções, 122 ataques armados e 151 ataques com bombas que ocorreram como resultado do Dia D e da libertação que se sucedeu. A questão de quem colaborou, como colaborou e que punição foi aplicada foi varrida para baixo do tapete por gerações.

É importante notar que Paris tem uma dívida de gratidão para com seu antigo comandante alemão, general Dietrich von Choltitz. Ele foi o herói improvável e desconhecido do momento, embora tenha sido aquele que foi levado em carro aberto, cabisbaixo, um homem arrasado, para assinar a rendição.

Quatro dias antes dessa humilhação pública, Choltitz havia recebido ordens expressas do Hitler para incendiar Paris. Hitler pedia que a cidade fosse reduzida a "uma pilha de entulho", o mesmo destino de Varsóvia antes da retirada alemã. A intenção subjacente à ordem era que parte substancial da população deveria morrer.

Enquanto olhava ao seu redor a arquitetura elegante, as avenidas amplas e as pontes esplêndidas, Choltitz devia estar bastante confuso. Ele deveria obedecer, sem questionar, o *Führer* que, por alguns anos, ele foi condicionado a amar e honrar? Ou a beleza da cidade era uma questão bastante à parte da política moderna e da guerra? Choltitz escutou aquela voz interior que o instruiu a preservar a capital francesa para gerações futuras, talvez influenciado pelo sofrimento terrível e pela destruição que ele havia testemunhado na batalha pela Normandia antes de assumir o comando em Paris em 8 de agosto de 1944. Sua decisão foi endossada pelo cônsul-geral da Suíça em Paris. Mais tarde, seu filho, Timor, disse: "Até hoje a França oficialmente se recusa a aceitar isso e insiste que a Resistência liberou Paris com 2.000 pessoas armadas contra o exército alemão. Para a França oficial, meu pai era um porco, mas todo francês culto sabe que ele fez isso por eles. Tenho muito orgulho dele". No entanto, devemos observar que, quando o general Choltitz morreu depois de uma longa doença, em novembro de 1966, vários oficiais militares franceses de alto escalão participaram de seu funeral.

Hitler Finca o Pé

Qualquer esperança entre os comandantes de alto escalão de ambos os lados de que Hitler escolheria a paz foi destruída na conferência que aconteceu em 31 de agosto. O *Führer* insistia em que: "Ainda não chegou a hora para tomar uma decisão política... é infantil e ingênuo esperar que, em meio a graves derrotas militares, tenha chegado o momento para negociações políticas favoráveis. Tais momentos vêm quando você está tendo sucesso...

Mas chegará o momento quando a tensão entre os Aliados será tamanha que uma ruptura ocorrerá. Todas as coalizões na história se desintegrarão, mais cedo ou mais tarde".

De certa forma, ele estava certo, mas a ruptura de que dependia ocorreria muitos meses depois de sua morte e da destruição da Alemanha.

Na mesma ocasião, Hitler acusou a equipe de generais do exército de enfraquecer os oficiais de combate com pessimismo em vez de impor firmeza inabalável. "Sob todas as circunstâncias, continuaremos a batalha até que, como disse Frederico, o Grande, um dos nossos inimigos estúpidos fique cansado demais para continuar lutando. Vamos lutar até obtermos a paz que garanta a vida da nação alemã pelos próximos cinquenta ou cem anos e que, acima de tudo, não denigra nossa honra pela segunda vez, como aconteceu em 1918."

Nessa época, para o povo alemão, Hitler já não era mais nada a não ser uma lembrança. Mesmo o som de sua voz era uma coisa do passado. Mas suas palavras e sua vontade eram transmitidas pelos escritórios do chefe da propaganda política, Goebbels.

Dois dias antes da liberação de Paris, a Romênia trocou de lado depois que seu primeiro-ministro pró-Alemanha, Ion Antonescu, foi deposto e substituído por um moderado. O rei Michael I aceitou as demandas de Moscou por uma rendição incondicional, enquanto permitia que soldados alemães saíssem sem serem perturbados. Essa foi uma perda significativa para Hitler, pois com a Romênia também se foram reservas petrolíferas substanciais. A Bulgária já havia se retirado do Eixo, o nome coletivo para os poderes internacionais que apoiavam Hitler.

CAPÍTULO 7

Países Baixos

"Senhores, acredito que podemos estar tentando tomar uma ponte longe demais."

General sir Frederick Browning,
sobre os planos para a Operação *Market Garden*

Após ter perdido a batalha pela França, a Alemanha agora tinha que defender os territórios ocupados nos Países Baixos e na própria Alemanha. A primeira cidade alemã a cair foi Aachen, embora sua capitulação fosse demorada e sofrida. As tropas do Primeiro Exército americano estavam nas redondezas desde 12 de setembro. No entanto, os defensores da cidade lutaram uma batalha resoluta, muitas vezes inspirada pela visão de um corpo pendurado numa árvore – a punição dos fanáticos para aqueles que eram considerados insuficientemente leais a Hitler. Somente em 16 de outubro a cidade foi cercada pelos soldados americanos e, ainda assim, demorou mais cinco dias para se renderem. Esse marco histórico teve um alto preço: 8.000 baixas e cinco semanas perdidas. As tropas britânicas e canadenses também vinham sofrendo perdas inesperadas enquanto combatiam uma oposição surpreendentemente feroz ao longo dos portos do Canal da Mancha, sendo que a maioria deles foi selvagemente destruída pelos alemães, que receberam ordens para ficar e lutar até o último homem. As forças britânicas e americanas estavam paradas por falta de combustível.

Mais uma vez, houve um atrito entre os comandantes dos Aliados sobre a melhor maneira de prosseguir da França para a Alemanha. Eisenhower favorecia uma varredura ampla, enquanto Montgomery queria uma investida abrupta na Alemanha para retirar do *Reich* sua área central industrial e, dessa forma, trazer um fim para a guerra. Ao fazer isso, o local de lançamento dos foguetes V1 e V2 seria destruído, salvando Londres e as áreas vizinhas da destruição.

Um comandante britânico, general Brian Horrocks, havia avançado até a Bélgica, contornando muitas tropas inimigas, mas parou pouco antes de fechar o bolsão por falta de suprimentos. Montgomery, que recentemente passara o posto de comandante-chefe das forças terrestres para Eisenhower, pois os americanos não tolerariam uma nacionalidade diferente à frente das tropas dos Estados Unidos, foi inspirado por esse sucesso parcial. Ele considerou planos para capturar e manter um cruzamento do rio Reno no vilarejo holandês de Arnhem e em outros pontos, enviando exércitos para o vale do Ruhr, além de outros quatro canais e pontes vitais sobre rios. Essa operação foi chamada de Operação

Refugiados alemães
19 de outubro de 1944: civis alemães embarcam em um caminhão americano em Aachen em direção a um acampamento de refugiados na Bélgica para escapar da batalha pela cidade entre a Alemanha e as forças americanas.

Comet. Infelizmente, por sua própria natureza, operações aéreas dependem sempre das condições climáticas e a Operação *Comet* foi adiada por duas vezes e finalmente cancelada em 10 de setembro.

No mesmo dia, após uma reunião com Eisenhower, o general americano foi convencido a permitir uma operação mais ampla, desviando alguns suprimentos dos americanos para os franceses e liberando os paraquedistas do Primeiro Exército Aerotransportado dos Aliados, que já havia sido colocado de prontidão operacional várias vezes, mas sem entrar em ação quando os eventos sobrepujaram as missões planejadas.

Tomar as Pontes

Apressadamente, o general Frederick Browning e o general Dempsey elaboraram um grande plano para desbancar a Operação *Comet*. Basicamente, a falta de tempo e de planejamento levou os comandantes a acreditarem que esse plano não deveria ser alterado, quaisquer que fossem suas falhas. Era para ser a maior invasão aerotransportada da história. Ainda assim, uma de suas diferenças mais significativas em comparação à operação de menor escala, a *Comet*, foi o fato de que os paraquedistas destinados a Arnhem seriam agora lançados a aproximadamente 13 quilômetros da ponte-alvo, em vez de perto desta, quando os comandantes da RAF procuravam diminuir a ameaça de fogo das metralhadoras antiaéreas ao redor da cidade.

Os soldados da 101ª Divisão Aerotransportada dos Estados Unidos tinham que tomar duas pontes em Eindhoven, enquanto a 82ª Divisão Aerotransportada

Avançando com Cuidado
Setembro de 1944: Os sargentos J. Whawell e J. Turrell, do Regimento de Pilotos de Planadores do 1º Exército Aerotransportado dos Aliados, vasculham uma escola danificada por bombas, na Holanda, em busca de atiradores de elite, durante a Batalha de Arnhem.

dos Estados Unidos recebeu a tarefa de controlar as vias fluviais em Nijmegen.

Conforme pensava Montgomery, uma imensa leva de paraquedistas desceria do ar. Seria uma onda seguida por outra, com paraquedistas poloneses saltando dois dias depois da operação. O general Horrocks forneceria a infantaria para apoiar os paraquedistas depois de uma passagem rápida pela Bélgica. Se tudo corresse bem, uma brecha seria criada, a qual seria um corredor para dentro do coração da Holanda e para dentro da própria Alemanha.

Isso significava a ressurreição do "Redball Express", nome carinhoso para os comboios de caminhões que se movimentavam pela rodovia de mão única para suprir as tropas de invasão na Normandia entre 25 de agosto e 6 de setembro. Dessa vez, ela operaria entre Bayeux e Bruxelas.

Em 17 de setembro, a operação começou e os paraquedistas da 101ª Divisão rapidamente tomaram as pontes sobre os canais Wilhelmina e Zuiter Willemsvaart.

A partir daí, as coisas começaram a dar errado, quando os homens da 82ª Divisão capturaram uma única ponte sobre o rio Meuse, mas não conseguiram capturar a ponte em Nijmegen por causa de um forte contra-ataque alemão. Determinados, os alemães chegaram a enviar nadadores cruzando o rio, armados com explosivos especiais para destruir a ponte, embora a tentativa não tenha dado em nada.

Uma Ponte Longe Demais

Em Arnhem, os remanescentes de duas divisões *Panzer* da SS, altamente treinadas, coincidentemente na área para uma readaptação e recentemente treinadas em técnicas para repelir invasões aéreas, estavam esperando para receber os paraquedistas britânicos. Informações vindas do movimento de resistência holandês já haviam revelado isso, mas foram ignoradas na pressa de fazer com que a operação acontecesse.

Na realidade, o elemento surpresa foi perdido nos dois casos. Os paraquedistas foram lançados em dois locais – Renkum e Ginkel Heide – a quase 13 quilômetros de distância de Arnhem e tiveram de caminhar até as posições que deveriam ser tomadas. Os equipamentos que teriam encurtado sua viagem foram perdidos no lançamento. De qualquer forma, os alemães estavam bastante cientes de sua presença antes que os paraquedistas aparecessem em Arnhem.

Além disso, um soldado americano, de posse de uma cópia dos planos da Operação *Market Garden*, foi capturado e os alvos das tropas aliadas foram rapidamente distribuídos entre os defensores em Arnhem e seus arredores. Apesar dessas duas catástrofes, os soldados ainda capturaram a parte norte de uma das pontes em Arnhem e mantiveram seu controle por seis dias.

A intenção do Corpo Britânico XXX, de ir em auxílio dos paraquedistas, era constantemente retardada pela inesperadamente feroz oposição alemã. Havia também as condições climáticas ruins. Isso deixou os homens que queriam controlar as pontes numa posição precária, incapazes de ultrapassar as defesas alemãs. Os paraquedistas poloneses, que chegaram cinco dias depois do ataque inicial, também foram mantidos longe dos britânicos em Arnhem por combatentes alemães determinados.

Entre aqueles que foram lançados em Arnhem em 17 de setembro estava o veterano de Dunquerque, Ted Shaw, um oficial da 1ª Divisão Aerotransportada, cuja

Entrincheirados
Homens do 1º Batalhão de Paraquedistas se abrigam em uma cratera criada pelas bombas durante a batalha por Arnhem, setembro de 1944.

tarefa era dar apoio ao 3º Batalhão com armas antitanques:

"Quinze minutos depois do desembarque, chegamos numa encruzilhada. Dois veículos blindados alemães apareceram e simplesmente começaram a disparar suas armas. A infantaria do 3º Batalhão desembarcou de seu veículo, mas o motorista recebeu uma rajada de tiros no peito e morreu. Eu tive de assumir um jipe, levantar a arma e dispará-la novamente.
Não tínhamos tempo de nos preocupar com os mortos. Sabíamos que os médicos vinham logo atrás. Se começássemos a pensar muito sobre isso, nada aconteceria. Eu era responsável não apenas pelos meus amigos, mas pela companhia à frente. Seguimos em frente, com mais escaramuças ao longo do caminho."

Ele testemunhou a chegada dos planadores da Brigada de Paraquedistas Poloneses, em 19 de setembro, sob um fogo pesado que matou muitos deles antes mesmo de tocarem o solo.

Quando um major da companhia pediu a Shaw que usasse seu canhão para silenciar uma bateria antiaérea que dizimava as tropas aerotransportadas, Shaw respondeu que tinha apenas projéteis perfurantes, em vez dos explosivos pesados que eram necessários para o serviço. Ainda assim, o major insistiu que o fogo alemão estava acabando com o moral. Shaw colocou a arma em ação e disparou, silenciando a bateria alemã de uma vez.

"Mas nós tínhamos um ditado entre os atiradores antitanques, o de que nunca deveríamos abrir fogo até ver o branco dos olhos do inimigo. Isto porque uma vez que você abre fogo, o inimigo sabe onde você está por causa dos lampejos da arma. Depois disso, sofremos perdas terríveis, pois os alemães sabiam onde estávamos."

No final, Shaw havia perdido todos os quatro canhões pelos quais era responsável, mas começou a operar outros em Oosterbeek, depois de encontrar os paraquedistas entrincheirados dentro de uma antiga igreja e ao seu redor. Ele viu a maioria de seus companheiros artilheiros serem mortos, mas suas ações foram registradas em uma citação que marca sua coragem.

"Na tarde de 20 de setembro de 1944, em Arnhem, suas posições de artilharia que apoiavam a 1ª Brigada Paraquedista foram fortemente atacadas por tanques e soldados inimigos. Durante aquela tarde, o tenente Shaw mostrou bravura constante, quase sobre-humana. Quase todos os seus destacamentos de artilharia foram mortos ou feridos, mas ele mesmo continuou operando um canhão até que seu último companheiro foi abatido. Em pelo menos três ocasiões naquela tarde, o tenente se deslocou de um para outro canhão, operando-os com um único companheiro, deixando-os apenas quando quem o auxiliava já estava morto. O heroísmo do tenente Shaw nesta situação bastante difícil continuou por várias horas. Seu evidente desapego de qualquer consideração por sua segurança pessoal foi excepcional."

No final, Shaw recebeu a *Military Cross* em vez da *Distinguished Service Order*, para a qual ele havia sido recomendado em um relatório assinado pelo general Urquhart.

Cinco noites depois ele continuava encarregado dos "feridos ambulantes" alojados em um porão em Oosterbeek. Quando ele ouviu passadas abafadas no meio da noite, temeu que fossem soldados alemães e pediu aos feridos que ficassem quietos. Na manhã seguinte, ao acordar, descobriu que todos os soldados britânicos que não estavam feridos haviam desaparecido.

Ele colocou um lençol branco no porão onde estavam os homens feridos, para indicar que eles se rendiam, e tentou fugir. Seu objetivo era se esconder numa área de floresta durante o dia e cruzar o rio Reno a nado, em segurança, tendo como cobertura a escuridão:

"Eu podia ver um bosque à frente. Entrei no riacho e comecei a caminhar, com água até a cintura, passando por piche e lodo para chegar até ele. Eu estava começando a subir o barranco do outro lado quando ouvi as palavras: 'Kommem Sie her' (Venha). Era um operador de metralhadora da SS. Ele falava inglês muito bem. Inicialmente, ele estava um pouco perturbado porque eu tinha muitas granadas nos bolsos do meu colete. Ele as tirou de mim e disse: 'Duas divisões de elite e nós ganhamos!'. Não dava para argumentar com ele, pois eu estava muito vulnerável. Quando ele me revistou, encontrou o Donald, um pato paraquedista feito de um cobertor militar antigo, com uma boina e medalhas.

'Talismã?' ele perguntou. Quando eu disse sim, ele me devolveu o brinquedo e ainda hoje o tenho comigo. Mas eu também tinha 90 preservativos comigo, um pacote de três para cada um dos 30 homens na minha tropa. Esses, ele não me devolveu."

Dentro de nove dias, todos os soldados Aliados em Arnhem foram forçados a se retirarem, deixando para trás aproximadamente 7.800 homens mortos, feridos ou prisioneiros. A operação foi um desastre e Montgomery não procurou mais atalhos para acabar com a guerra. A previsão de Browning, de que aquela seria "uma ponte longe demais", se realizou. Hollywood fez um filme com o mesmo nome.

A operação desde então passou a ser chamada de "tragédia dos erros" pelos veteranos.

Um soldado britânico da 1ª Brigada Paraquedista lembra-se de quando foi feito prisioneiro durante a operação em Arnhem:

"Eles tiraram todas as nossas posses. Um dos homens teve sua carteira removida e a foto de sua esposa rasgada. Quando ele ia protestar, foi morto, bem ali onde estava. Entre as pessoas no grupo havia um adolescente que trabalhava na resistência, o qual havia implorado para obter um uniforme do exército caso ele fosse pego, mas ele ficou ali em pé, altivo, usando com orgulho a braçadeira alaranjada. Os alemães chegaram até ele e disseram uma palavra – terrorista – e atiraram na cabeça daquele rapaz corajoso. Seu sangue jorrou em mim."

O cabo Slawomir Kwiatkowski, da 1ª Companhia da Brigada Paraquedista Polonesa Independente, chegou à Holanda em 21 de setembro:

"Eu estava com um grupo de poloneses que rendeu os britânicos e assumiu a defesa de cinco casas no perímetro leste de Oosterbeek. Ficamos ali até meia-noite de 25 para 26 de setembro. À noite, a Divisão Aerotransportada britânica começou a se retirar para a evacuação nas margens dos rios. Havia uma evidente falta de barcos a motor disponíveis e a evacuação procedeu num ritmo bastante lento. Ela ocorreu numa 'terra de ninguém', em uma área chamada 'terreno mortal' porque ela era coberta por fogo alemão. Os poloneses estavam bem na retaguarda e nosso grupo chegou quase ao amanhecer. Vimos a fileira de soldados esperando e, por fim, não havia mais barcos para cruzar o rio. Então, uma bandeira branca foi levantada e com o restante dos homens que esperavam, eu passei a ser um prisioneiro. Eu não sabia nadar muito bem. De mais de 300 poloneses combatendo em Oosterbeek, apenas 160 cruzaram o canal."

O combate foi igualmente acirrado para os soldados alemães, como explica o tenente Erwin Heck:

"Repentinamente, nos vimos cercados pelas forças britânicas. O combate foi terrível e quanto mais nos aproximávamos de Oosterbeek, mais difícil ficava a luta. O avanço foi dificultado por causa do terreno arborizado. Quando chegamos em Oosterbeek, lutamos homem a homem, casa por casa e em algumas ocasiões ocupávamos um andar de uma casa e o inimigo o outro. Em muitas ocasiões, nós simplesmente tínhamos de lutar com pistolas por estarmos tão próximos. Não conseguíamos descansar."

Cruzando o Rio Reno

Homens da infantaria americana se encolhem agachados, um sobre o outro, em um barco de ataque e sob fogo inimigo pesado durante o cruzamento do Rio Reno para a Alemanha, em St. Goar.

Um dos efeitos colaterais trágicos da Operação *Market Garden* foi o sofrimento do povo holandês. Para ajudar os Aliados, o governo holandês no exílio conclamou uma greve geral para atrapalhar os esforços defensivos dos alemães, sabendo que uma punição pelos invasores era certa.

Vingança Alemã

Aproximadamente 450 holandeses pereceram durante a operação, sendo que alguns deles se colocaram na linha de fogo, lutando ao lado das tropas dos Aliados. Outros arriscaram suas vidas ao ajudarem os feridos.

Cabeça de Ponte
Tanques dos Aliados cruzam a ponte sobre o rio Reno em Nijmegen, Holanda, nas primeiras horas do dia 21 de setembro de 1944.

Depois disso, os alemães puniram os holandeses na área imediata, despejando-os de suas casas (as quais já haviam sido bastante destruídas durante a Operação *Market Garden*). Seus pertences foram saqueados e enviados para as famílias alemãs que viviam na região bombardeada de Ruhr. Agora, os alemães tinham o objetivo de construir uma linha de defesa ao longo da margem norte do rio em caso de ataques futuros.

Em seguida, a grande população holandesa que vivia sob ocupação no norte da Holanda foi mantida sem alimentos. Aquele inverno ficou conhecido como "Inverno da Fome", quando as temperaturas baixas e a falta de combustível agravaram uma situação já aterrorizante. Aproximadamente 18.000 pessoas morreram antes de a libertação chegar àquela parte da Holanda em abril de 1945.

Mesmo assim, os holandeses continuaram auxiliando os soldados paraquedistas durante aquele inverno sombrio. Embora a maioria que não se retirou tivesse sido ferida ou aprisionada, havia um número menor que escapou da captura e agora vivia às escondidas, dependendo de famílias holandesas para sua sobrevivência. Foram organizadas várias operações em larga escala entre britânicos e holandeses para fazer com que os fugitivos fossem retirados para trás das linhas aliadas. Em 22 de outubro, aproximadamente 120 homens cruzaram o Rio Reno em Renkum, embora outra tentativa no mês seguinte tenha terminado em confusão quando foi descoberta pelos alemães. Operações menores continuaram durante todo o inverno depois que se tornou claro que não haveria nenhuma tentativa para invadir a Holanda antes da primavera.

A Linha Siegfried
Soldados da 9ª Infantaria dos Estados Unidos pegam uma carona a bordo de um Shermam enquanto cruzam as armadilhas para tanques da Linha Siegfried, na Alemanha.

A Operação *Market Garden* foi um plano basicamente fracassado, sem nenhuma chance de ter sucesso. Mesmo assim, ela passou a ser o foco de orgulho nacional graças à coragem surpreendente de homens que lutaram contra todas as chances. Mais tarde, cinco deles foram condecorados com a *Victoria Cross*, a condecoração britânica por bravura mais prestigiada.

A Retomada da Bélgica

Apesar da Operação *Market Garden*, os Aliados continuaram empurrando os alemães em retirada, embora este fosse um processo demorado. Como consequência dos recursos investidos na Operação *Market Garden,* o plano para livrar o estuário de Scheldt da resistência alemã ficou prejudicado. O prêmio do plano era Antuérpia, um porto marítimo que resolveria o dilema crescente de suprimentos para os Aliados. Mas o terreno era plano, nivelado e frequentemente inundado pelo inimigo. Quando os ataques por terra não deram certo, os Aliados lançaram mão de invasões anfíbias em dois pontos, Westkapelle e Flushing, enfrentando fortificações formidáveis. Embora os ataques, no final, tenham tido sucesso, os alemães lutaram ferozmente para proteger a fortaleza estratégica. Na realidade, a resistência alemã continuava provando ser problemática por toda a região.

Resistência Alemã

Houve até mesmo um contra-ataque alemão inesperado em Meijel, perto de Eindhoven em 26 de outubro, rapidamente repelido pelos homens sob o comando de Dempsey.

Em 26 de novembro, Antuérpia, um porto em águas profundas, capaz de suprir os exércitos Aliados que avançavam, foi finalmente aberto para operações. Este foi um presente de aniversário antecipado para Winston Churchill, que celebraria 70 anos de idade apenas quatro dias depois. O triunfo dos Aliados foi atenuado quando o porto passou a ser um alvo para a arma de retaliação de Hitler. Houve 924 ataques de bombas V2 contra Antuérpia, além de 1.000 foguetes V1, com 60 navios afundados e 15.000 baixas, na sua maioria civis.

As tropas americanas que atacavam em uma ampla linha de frente, conforme o pano favorito de Eisenhower, e avançavam sobre a Alemanha chegaram à Muralha Ocidental, ou Linha Sigfried, como era mais conhecida por ambos os lados. A muralha tinha 480 quilômetros, de Basle a Cleves, parcialmente correndo paralelamente à Linha Maginot francesa. O trabalho de construção havia começado em 1936 e era um grande projeto pré-guerra na Alemanha, quando em apenas um ano 500.000 pessoas e um terço da produção anual de cimento do país foram usados na sua construção. Ele incluía abrigos para metralhadoras e defesas antitanques que frustravam, mas não necessariamente interrompiam, o progresso dos invasores.

No entanto, a falta de combustíveis fez com que a invasão dos Aliados na Alemanha encalhasse, dando aos alemães tempo suficiente para se reagrupar. Os suprimentos simplesmente não podiam ser descarregados com a rapidez necessária nos portos libertados. Além disso, forças alemãs se opunham ao progresso dos Aliados durante todo o caminho. Soldados continuaram morrendo por todo o outono europeu de 1944, durante a investida sobre a Linha de Siegfried e os Países Baixos. Uma das vítimas foi o sargento Evans Davies, do 3º Batalhão do Regimento de Infantaria *The Monmouthshire*, que foi morto por fogo alemão no vilarejo holandês de Broekhuizen, em 30 de novembro. Seu corpo somente seria recuperado 60 anos depois, quando alguns operários começaram a escavar o local para a construção de um condomínio. O emblema em seu quepe, suas insígnias e sua plaqueta de identificação ajudaram a identificá-lo. Sua viúva, Grace, disse: "Me disseram que ele estava desaparecido, supostamente morto. Sempre me preocupei e me perguntei sobre o que poderia ter acontecido com ele". Embora ela tenha se casado novamente, nunca se esqueceu de seu primeiro amor. Depois disso, ele foi enterrado no Commonwealth War Graves Cemitery em Venray, na Holanda. Uma bandeira nazista capturada por seu pelotão em Helmond, na Holanda, e assinada por ele dois meses antes de sua morte, encontra-se exposta no Museu de South Wales Borderers, em Brecon, País de Gales.

CAPÍTULO 8

Batalha das Ardenas

Em Bastogne, quando pediram que o general americano Anthony McAuliffe se rendesse, ele respondeu laconicamente:

"Nuts!"

Embora as forças alemãs estivessem basicamente cambaleando, pois havia falta de homens, tanques e combustível, um contra-ataque ainda ocupava a mente do *Führer* e ele formulava um plano de ataque no terreno desafiador das Ardenas. "Este será o maior dos ataques e deverá ter sucesso", disse ao seu ministro de armamentos Albert Speer. Hitler ficou animado com o relatório de Speer de que a produção de aviões e armas de ataque aumentava, já que os trabalhadores escravos, trabalhando em condições horríveis, trabalhavam até mais arduamente. Ele não deu atenção à notícia de que as linhas de transporte que levariam esses armamentos para a linha de frente vinham falhando miseravelmente. Embora os sonhos de Hitler tenham sido fúteis, a alternativa era o fim rápido do *Reich* e, por conseguinte, ele contou com o apoio relutante dos generais cansados da *Wehrmacht*.

Hitler ordenou que seu grande ataque acontecesse no auge do inverno, na região de floresta das Ardenas, onde se acreditava que as forças americanas estariam relaxadas enquanto ataques eram planejados no norte e no sul. O ditador não deu atenção às objeções queixosas de seus generais, de que havia números insuficientes nas forças de ataque, de que a *Luftwaffe* estava impotente e de que os homens que poderiam ser convocados estavam cansados de combater. Sua meta era voltar a Antuérpia para suprimir a atividade dos Aliados na região, fechar as linhas de suprimentos e capturar inúmeros prisioneiros. Sua melhor arma, ele sabia, era a surpresa tática. Suas ordens eram de que, à frente de seus soldados, deveria haver "uma onda de terror e medo e que nenhum pudor humano deveria ser demonstrado".

Hitler convocou para a tarefa o general da SS Sepp Dietrich, um homem que rotulou como "astuto, energético e brutal". Mais tarde, Dietrich comentou com ironia sobre a tarefa que lhe foi dada. "Tudo que eu tinha a fazer era cruzar o Meuse, capturar Bruxelas e seguir em frente para tomar Antuérpia. Tudo isso passando pelas Ardenas, onde a neve chegava na cintura e não havia espaço suficiente para tanques lado a lado, muito menos para seis divisões blindadas". Dietrich expressou suas preocupações, mas Hitler lhe disse que ele teria o que precisasse à sua disposição para fazer o plano funcionar.

A Batalha do *Bulge*

A tentativa de avanço pelos exércitos Panzer na área das Ardenas, França, foi a última jogada desesperada de Hitler para evitar uma derrota frente aos Aliados. Ele fracassou.

Trinta divisões, com aproximadamente um milhão de homens do Sexto Exército *Panzer SS*, sob o comando de Dietrich, do Quinto *Panzer*, sob o comando de Hasso von Manteuffel, e do Sétimo Exército, sob o comando de Brandenberger, foram reunidos, com 1.000 aeronaves preparadas para irromper pelas linhas americanas e dividir os exércitos dos Aliados. O moral estava alto e eles sentiam a possibilidade de um sucesso militar, enquanto a insígnia de ossos cruzados encimados pela caveira da *SS* ondulava em bandeiras movimentadas pelo vento gelado.

O Ataque dos Exércitos *Panzer*

Os comandantes Aliados simplesmente não vislumbraram a ofensiva. Os voos de reconhecimento estavam em terra devido

Buracos na Neve

Soldados americanos cavam trincheiras em terreno coberto de neve, enquanto a artilharia inimiga abre fogo perto de Berismenil, Bélgica. Campanha das Ardenas, dezembro de 1944.

ao mau tempo, sendo que, dessa forma, pelo menos um sistema de aviso estava fora do ar. Embora os decodificadores na Grã-Bretanha tivessem detectado a reunião de tropas alemãs, geralmente acreditava-se que essas seriam para um ataque quando os aliados penetrassem mais profundamente no *Reich*. O silêncio imposto aos rádios havia eliminado oportunidades de escuta para detectar os sinais.

Inicialmente, a oposição imposta pelos alemães parecia ser pouco mais do que um bolsão isolado de resistência. O general Eisenhower estava em um casamento quando a batalha começou em 16 de dezembro, enquanto Montgomery jogava golfe. Outros comandantes dos Aliados talvez estivessem distraídos pela notícia da morte do popular *band leader* Glenn Miller, cuja aeronave desaparecera sobre o Canal da Mancha.

A manobra para acelerar o avanço com o lançamento de paraquedistas não foi muito bem-sucedida, porque foram espalhados por uma área ampla, com poucas ferramentas de destruição em mãos. Algumas sementes de confusão foram plantadas por militares alemães liderados pelo militar austríaco Otto Skorzeny, o homem que audaciosamente resgatou Mussolini do cativeiro na Itália, com um planador, em 1943, usando uniformes americanos e dirigindo veículos americanos, mas seu efeito foi, em grande parte, insignificante. Foi a pura surpresa com um ataque alemão que causou o maior caos entre os americanos, que estavam despreparados para ação.

Felizmente, Eisenhower rapidamente reforçou a tênue linha de frente americana ao interromper outras atividades dos Aliados na região e desviar as tropas extras para onde eram mais necessárias.

Mas sua perspicácia não foi o suficiente para parar a invasão alemã em território anteriormente mantido pelos Aliados. Os americanos estavam desorganizados, enquanto as forças alemãs brotavam em suas áreas vindas não se sabia de onde. Uma investida desorganizada rumo às linhas Aliadas lembrava a ação alemã em Falaise. Alguns aproveitaram ao máximo os morros de Ardenas, disparando contra os alemães, enquanto a maioria fugiu para não ser morta ou aprisionada, atrapalhada pelo barro ou pela neve, pela falta de comida e, mais tarde, de sono. O maior fracasso, é claro, não estava entre os homens, mas sim na incapacidade dos serviços de informação de sinalizarem a reunião de forças alemãs.

Entre os soldados alemães também havia um caos incomum, o qual retardou seu avanço. Um dos maiores problemas foi um congestionamento que impediu que fizessem progresso no planejamento apertado que Hitler tinha em mente. A ofensiva das Ardenas é muitas vezes chamada de Batalha do *Bulge* (bojo, em inglês), numa referência ao formato de protuberância que a ofensiva tomou na linha de frente.

Entre as perdas iniciais na batalha estavam dois regimentos da 106ª Divisão do Primeiro Exército americano, que foram forçados a se renderem. Na realidade, a perda de 7.000 soldados por aprisionamento foi um dos maiores golpes nos Estados Unidos durante todo o conflito. No entanto, uma guarnição composta principalmente de tropas da 101ª Divisão Aerotransportada dos Estados Unidos, em Bastogne, manteve sua posição, apesar da falta de alimentos e munição. Quando instados pelos alemães a se renderem, o general americano, Anthony McAuliffe, respondeu: "*Nuts*!" (doidos). Bastogne viria a ser a rocha que dividiu o avanço alemão.

O Massacre de Malmedy

Os horrores da guerra voltaram para assombrar os soldados Aliados quando os homens da Bateria B do Batalhão de observação da 285ª Artilharia de Campo foram mortos a sangue frio, em 17 de dezembro, por um grupo *Panzer SS* da divisão de elite *Leibstandarte Adolf Hitler*, liderada pelo coronel Joachim Peiper. A atrocidade ocorreu nos cruzamentos de Baugnez, perto de Malmedy, na Bélgica depois que os soldados americanos se perderam a caminho de St. Vith.

Quando uma unidade *Panzer* que passava pelo local explodiu o jipe americano que liderava a coluna, os soldados amedrontados prontamente entregaram suas armas e se renderam. Alguns já estavam mortos e outros feridos por uma breve troca de tiros, enquanto outros imediatamente fugiram. Os que restaram foram arrebanhados em um campo nevado, juntamente com outros 11 prisioneiros americanos que já haviam sido capturados pela mesma unidade e os policiais militares que trabalhavam no trânsito das encruzilhadas e colocados sob guarda. Alguns já sentiam o ar frio da ameaça que pairava no ar. Pouco depois, Peiper saiu de um tanque, gritando para os homens capturados: "Vejo vocês em Tipperary, rapazes!".

Por fim, um soldado nascido na Romênia, chamado George Fleps, desembarcou de um veículo blindado, se posicionou entre os americanos e usou sua pistola Luger para derrubar dois deles. Em seguida, armas automáticas nos caminhões blindados entraram em ação, matando os americanos desarmados.

Depois de uma fuzilaria que durou aproximadamente três minutos, alguns soldados alemães caminharam ao redor dos corpos ensanguentados, despachando os feridos com um único tiro ou a coronha do fuzil. Aqueles que tentaram correr em busca de cobertura foram ceifados num instante. O saldo foi de 100 mortos e 41 feridos, sendo que alguns foram encontrados por patrulhas americanas na área. Acredita-se que os mesmos soldados alemães foram responsáveis pela morte de mais de 100 civis belgas na mesma época. Em poucos dias, a investida de Peiper foi interrompida por falta de combustível. Rumores do massacre se espalhavam pelas linhas americanas, fazendo com que muitos homens que pensavam em rendição mudassem de ideia. Também resultou em execuções sumárias de vários paraquedistas da *SS* que caíram nas mãos dos americanos.

Testemunho

Logo depois, dois jornalistas da revista *Time* estavam na área e conversaram com o 2º tenente Virgil Lary, um sobrevivente que teve de remover seus dedos desmembrados e projéteis de suas botas:

"Não tínhamos a droga de uma chance...
Simplesmente não tínhamos chance".

O massacre foi manchete no mundo livre e endureceu a atitude dos soldados que lutavam na Alemanha.

Mais tarde, Lary testemunhou no julgamento pós-guerra de Peiper, seu superior Sepp Dietrich e outros homens na unidade, que aconteceu em Dachau, que fora campo de concentração em 1944:

"Depois que foram disparadas as primeiras metralhadoras, homens mortos e feridos caiam ao meu redor...
Um homem chegou perto de mim enquanto me fingia de morto e eu ouvi um tiro de pistola por perto. Em seguida ouvi um novo carregador
sendo inserido na pistola e o indivíduo passou por mim. Ouvi alguém dizer para alguém: 'Eles já te mataram?' Ele respondeu: 'Não, ainda não... mas se os bastardos vão me matar gostaria que eles voltassem e acabassem com o meu sofrimento'. Uma bala havia dilacerado meu dedão e eu estava com muita dor e congelado da cabeça aos pés. Aqui e ali ouvia algumas vozes: 'Eles já foram?' 'O que vamos fazer?' 'É seguro?' 'Vamos sair correndo?'. De repente, aproximadamente 50 de nós decidiu correr. Havíamos andado alguns metros quando alguns rifles atiraram e depois as metralhadoras. Consegui pular uma cerca em uma floresta e corri por uma estrada de terra até chegar a um celeiro destruído. Havia algumas madeiras lá dentro. Eu me cobri com elas. E esperei."

O procurador-geral, tenente-coronel Burton Ellis, disse: "As tropas do *Leibstandarte Adolf Hitler* receberam ordens para se superarem tanto no assassinato de prisioneiros de guerra como nas batalhas. Outros receberam ordens para fazerem bastante *rabbatz*, o que no palavreado da *SS* significava se divertir muito matando todos à sua frente. Cada um dos réus era um dente na engrenagem de matança".

Embora os alemães tenham sugerido que as matanças ocorreram depois de uma tentativa de fuga e que muitos haviam sido feitos prisioneiros pela unidade em ação, provando que não havia ordens

Perigo Escondido

Sapadores da 75ª Divisão, Companhia C, 275º Regimento de Engenheiros, varrem uma estrada coberta de neve em busca de minas inimigas.

diretas para matar prisioneiros de guerra, Dietrich, Peiper e 42 homens foram sentenciados à morte pelo tribunal. O tratamento dado aos americanos em Malmedy era frequentemente divulgado entre os soldados russos na Frente Leste.

No entanto, quando surgiram provas sugerindo que as confissões foram obtidas usando métodos emprestados da *Gestapo*, as sentenças foram comutadas para prisão perpétua. Peiper e Dietrich foram libertados em 1958.

Os corpos dos mortos não seriam recuperados até meados de janeiro, quando os americanos retomaram a região. Mesmo então, eles foram prejudicados por um bombardeio inimigo que poderia ter comprometido o exame subsequente dos corpos. Um relatório posterior pelos médicos do exército que realizaram as autópsias concluiu que 43 dos corpos tinham ferimento de bala na cabeça, três sofreram vários traumas na cabeça e nove ainda estavam com seus braços levantados acima de suas cabeças.

Hoje, um memorial com os nomes dos 84 soldados marca o cruzamento em Malmedy.

Massacre em Malmedy

Os corpos de prisioneiros de guerra americanos assassinados permaneceram onde foram abatidos nos campos nevados ao redor de Malmedy, França. O massacre foi realizado pelos membros da divisão de elite Leibstandarte SS.

Combatendo as Condições Climáticas

A causa dos Aliados durante a Batalha do *Bulge* foi prejudicada pelas condições climáticas ruins que mantiveram os soldados inativos, embora muitos homens e tanques tivessem sido despejados na área num curto período. Somente quando o céu limpou, em 22 de dezembro, é que os rumos da batalha realmente mudaram. No dia seguinte, aeronaves dos Aliados bombardearam 31 alvos diferentes, inibindo seriamente a movimentação dos *Panzer* e destruindo as linhas de suprimentos. A movimentação das tropas alemãs foi interrompida por patrulhas aéreas e pela falta de combustível.

Em 27 de dezembro, num esforço de última hora para privar os Aliados da superioridade aérea, a *Luftwaffe* bombardeou 27 campos de pouso: embora 157 aeronaves tenham sido destruídas, 300 aviões da *Luftwaffe* foram abatidos.

Eisenhower decidiu encarar o ataque pelos alemães como uma oportunidade para fazer o maior número possível de prisioneiros e talvez até mesmo encurtar a guerra. Seu sentimento era de que o *bulge* poderia ser transformado em um bolsão, onde os alemães ficariam fora de circulação pelo restante do conflito.

Um relatório para o congresso, no discurso à nação feito pelo presidente Roosevelt em 6 de janeiro de 1945, dizia que a onda da luta dos alemães atingira seu auge dois dias depois do Natal. "Desde então, continuamos na ofensiva, resgatamos guarnições isoladas em Bastogne e forçamos uma retirada alemã ao longo de toda a linha do avanço alemão".

Para mobilizar um país atormentado pelo contra-ataque alemão inesperado, Roosevelt reiterou: "Tudo que somos e temos está em jogo. Tudo que somos e teremos será oferecido. Homens americanos, lutando longe de casa, já obtiveram vitórias que o mundo nunca esquecerá. Não temos dúvida sobre a vitória final. Não temos dúvida sobre o custo. Nossas perdas serão pesadas. Nós e nossos aliados continuaremos lutando juntos até a total vitória final".

Embora tenham sido atrasados pela neve, grupos do exército americano organizaram uma manobra em pinça contra os alemães e, por volta de meados de janeiro, a batalha havia acabado. Montgomery recebeu o comando de dois exércitos americanos e ajudou a trucidar os alemães. Mais tarde, numa conferência à imprensa dada em 7 de janeiro de 1945, suas palavras fizeram parecer que ele havia montado uma operação de resgate e foi exclusivamente responsável pela vitória, quando claramente o triunfo pertenceu aos soldados americanos, criando outro atrito entre os generais britânicos e americanos.

As Consequências do Fracasso

Houve 100.000 perdas alemãs, ainda assim, mais soldados alemães do que o esperado conseguiram escapar dos americanos – provavelmente porque eles tinham alguma de experiência de batalha no inverno. Foi um golpe, mas não um desastre. A movimentação das tropas no oeste havia despojado a fronteira no leste de homens e agora provou ser impossível se manter firme contra o Exército Vermelho. Na frente do oeste, foram eliminados soldados suficientes para fazer a diferença. O esforço de última hora de Hitler em Ardenas havia fracassado – mas, embora tenha interrompido os planos embriões entre os Aliados para cruzar o rio Reno, ele provavelmente ajudou a finalizar a guerra seis meses antes do que teria acabado.

Algumas tropas alemãs continuavam lutando na Itália, onde os desacordos estratégicos entre os comandantes britânicos e americanos haviam permitido que divisões inteiras se retirassem de Roma para realizar outra campanha de resistência prolongada. Mas o futuro para os alemães era sombrio.

O fato estava duramente evidente para muitos no *Reich*. Albert Speer escreveu em suas memórias: "O que se seguiu foi apenas a ocupação da Alemanha, retardada até certo ponto por uma resistência confusa e impotente". Para ele, a resistência era confusa e impotente, mas, para os homens que lutaram suas batalhas, ela era clara: resistir a qualquer custo, de acordo com as ordens do *Führer*.

"Panzer Kaput"

Um dos últimos e preciosos Panzer que restaram, posto fora de combate pela artilharia americana durante o contra-ataque alemão nas Ardenas.

CAPÍTULO 9

Campanha de Bombardeios

"Eles semearam vento; agora, que colham tempestade."

Marechal do ar *sir Arthur Harris*

Hitler acreditava que poderia contra-atacar a ameaça à pátria alemã com a criação de uma nova força de combate popular, a *Volkssturm*.

Em 18 de outubro de 1944, após uma proclamação pelo *Führer*, a *Volkssturm* foi tornada obrigatória para todos os homens disponíveis entre as idades de 16 e 60 anos, nos moldes da Guarda Doméstica da Grã-Bretanha (dissolvida menos de um mês depois, em 11 de novembro, quando a ameaça ao Reino Unido foi diminuída). Mais tarde, à medida que a falta de soldados para defender o *Reich*, que encolhia cada vez mais, ficou mais evidente, crianças de até 10 anos de idade foram convidadas às armas. Os membros da Juventude Hitlerista, jovens de até 12 anos de idade, estavam entre aqueles condecorados por Hitler com a Cruz de Ferro no seu 56º aniversário em 20 de abril de 1945 – sua última aparição pública, dez dias antes de sua morte. Hitler não explicou como o *Volkssturm* se protegeria contra a ira militar dos Aliados quando a *Wehrmacht* não conseguiu. Ele parecia estar alienado ao sacrifício patético que era feito em nome de uma recompensa incerta.

Em um discurso proferido em 30 de janeiro de 1945 para celebrar a subida ao poder do nacional-socialismo na Alemanha, Hitler deixou claro que era dever de todos lutar e, se necessário, até a morte.

"Aquele que luta honradamente consegue, assim, salvar sua própria vida e as vidas de seus familiares. Mas aquele que, por covardia ou falta de caráter, vira as costas para a nação, deverá inexoravelmente morrer uma morte desonrosa."

Lágrimas de Derrota
Exaustão nervosa mostrada na face de um soldado alemão de 15 anos de idade, Hans-Georg Henke, depois de sua captura pelo 9º Exército dos EUA na Alemanha.

Entre as muitas referências a si mesmo e aos companheiros alemães que estariam cumprindo a vontade de Deus, ele continuou: "... Espero que todos os alemães cumpram seu dever até o fim e que estejam dispostos a se sacrificar, se necessário; espero que todo alemão capaz lute, desprezando por completo sua segurança pessoal; espero que os doentes e os fracos ou aqueles incapacitados para o dever militar trabalhem com afinco até a última hora; espero que os moradores da cidade forjem armas para esta luta e espero que os fazendeiros forneçam o pão para os soldados e os batalhadores desta luta, impondo restrições a si mesmos; espero que todas as mulheres e crianças continuem apoiando esta causa com o maior fanatismo".

Ele continuou clamando ao jovem alemão para que lutasse "para preservar a liberdade e honra nacional e, por conseguinte, o futuro da vida".

Alguns alemães sentiram-se encorajados por esta atitude persistente, porém até mesmo eles ficariam de joelhos perante o que estava reservado para os sobreviventes do *Reich*.

As forças aéreas dos Aliados haviam realizado algumas experiências bem-sucedidas com bombardeios de saturação ou de área. Em qualquer hipótese, o termo "bombardeio de precisão" era um termo algo impróprio, isto porque mais bombas passavam longe do alvo do que o atingiam. Agora, o marechal do ar *sir* Arthur Harris, comandante-chefe do Comando Britânico de Bombardeios, queria destruir as cidades alemãs, acreditando que isso levaria a um colapso na capacidade nacional de conduzir uma guerra. Neste meio tempo, sua contraparte americana, o general Carl "Tooney" Spaatz, acreditava que a chave para ganhar a guerra era destruir as refinarias de petróleo. Enquanto ambos seguiam seus planos, o resultado acabou sendo uma infelicidade para os civis alemães.

Os campos de pouso na Grã-Bretanha, no norte da França e na Itália estavam disponíveis para as forças aéreas dos Aliados e tanto os britânicos quanto os americanos eram capazes de realizar missões de voo 24 horas por dia. O ministro de armamentos alemão, Albert Speer, esperava o ataque. Ele esperava que o clima imprevisível do outono europeu diminuísse a campanha aérea dos Aliados o suficiente para manter a produção alemã em operação. Ele também esperava que a fragilidade humana fizesse sua parte. "Nossa única esperança é que as forças aéreas do inimigo tenham um estado-maior tão cabeça-de-vento quanto a nossa", comentou com Hitler.

Aumentando a Pressão

O bombardeio da Alemanha em larga escala começou em setembro de 1944, quando Eisenhower abriu ao direito de preferência sobre todas as aeronaves disponíveis para suporte aéreo tático durante a campanha da Normandia. Nos próximos sete meses, mais de 800.000 toneladas de bombas cairiam sobre a Alemanha, quando ataques com milhares de bombas passaram a ser comuns. A tensão de entrar e pilotar em grandes formações era tão visível nos pilotos quanto o fora a de pilotar uma aeronave sob fogo antiaéreo. A Alemanha, mais especificamente sua população, foi golpeada sem tréguas.

Um dos alvos principais para os Aliados era a refinaria de combustível químico em Leuna, a 160 km de Berlim. Ela foi bombardeada em 22 ocasiões diferentes, reduzindo sua produção para uma média de aproximadamente 9% de sua capacidade. O temor de que a máquina de guerra alemã parasse totalmente por falta de combustível aumentava. Estações ferroviárias, pátios de transportes, fábricas e distritos industriais eram implacavelmente bombardeados. Os trabalhadores forçados eram aqueles que estavam mais expostos a esses ataques aéreos, embora quando as condições meteorológicas estavam ruins, as bombas fossem lançadas sem precisão, muitas vezes atingindo centros populacionais próximos.

O general Adolf Galland, ás da aviação e comandante da *Luftwaffe*, planejou uma operação final contra os Aliados que reduziria sua capacidade de bombardear as estações de combustíveis, pelo menos por um tempo, chamada de *der Grosse Schlag* ou "O Grande Golpe". Ele sabia que isso teria um preço alto para a *Luftwaffe*, mas acreditava que as perdas valeriam a pena se o poder aéreo do inimigo também fosse prejudicado.

Uma organização cuidadosa permitiu que ele reunisse um número significativo de bombardeiros. Lamentavelmente para ele, o equipamento que arrebanhou acabou sendo usado em incursões de rotina contra os ataques dos Aliados, assim como na ofensiva de Hitler nas Ardenas.

Mesmo assim, em 1º de janeiro 1945, as bases aéreas dos Aliados no continente receberam o Grande Golpe, simultaneamente à Batalha do *Bulge*. Muitos dos pilotos alemães eram perigosamente inexperientes, enquanto outros estavam de ressaca depois de celebrarem o Ano Novo. Havia bem menos aviões em ação - 900 Messerchmitt e Focke-Wulf - do que o planejado.

No entanto, eles tinham o elemento surpresa ao seu lado e 206 aeronaves dos Aliados foram destruídas, a maioria delas ainda em terra.

As tripulações dos Aliados, todavia, fizeram uma rápida recuperação e perseguiram os aviões da *Luftwaffe* de volta para a Alemanha. Com isso, 253 pilotos foram mortos, feridos ou feitos prisioneiros. Foi um golpe de que a *Luftwaffe* não conseguiu se recuperar.

Harris estava ansioso para voltar para sua política de bombardear os centros populacionais. Sessenta anos depois, é impossível compreender seu raciocínio. Os britânicos não se dobraram sob o peso da Blitz, cuja tendência era unir, em vez de destruir, o poder nacional, portanto, havia poucos motivos para suspeitar que os alemães fossem se dobrar.

Harris e alguns de seus comandantes britânicos pouco questionaram a moralidade do bombardeio de mulheres e crianças, embora Spaatz tenha expressado suas preocupações. No entanto, sua postura foi alterada depois da ofensiva de Ardenas, depois da qual a pressão para acabar com a guerra através de exibições de força, estava mais aguda do que antes. Na realidade, a crítica retrospectiva sobre o momento do bombardeio, ou seja, por ter ocorrido no final da guerra, é errada. Os Aliados estavam chocados com o que aconteceu nas Ardenas, e seus soldados ainda pereciam na linha de frente. Não havia a menor indicação de capitulação do inimigo que poderia fazer a hierarquia hesitar no bombardeio de um alvo interno. O bombardeio de Berlim ocorria regularmente desde a Batalha da Grã-Bretanha em 1940. Um incremento da campanha, com o codinome de *Thunderclap*, foi muito debatido e postergado até quase não ser mais possível distingui-la como uma operação separada.

Tempestade de Fogo

Milagrosamente intactas, estátuas observam com espanto a destruição da cidade de Dresden, como consequência do bombardeio dos Aliados.

O Bombardeio de Dresden

O ataque aéreo mais notório foi contra Dresden, em 13 e 14 de fevereiro de 1945. Aquela cidade pitoresca, com alguns prédios antigos que datavam do século 13, estava cheia de refugiados vindos do leste, fugindo das tropas russas.

Dresden nunca fora um alvo prioritário dos Aliados, uma vez que tinha pouco significado estratégico, embora fosse ingênuo acreditar que estivesse envolvida somente na produção de louça de porcelana. Mas naquele momento, os líderes da guerra tentavam produzir provas tangíveis de apoio aos russos e Dresden foi identificada pelos serviços de informação como uma fortaleza alemã em potencial. Sem dúvida, Dresden era um importante centro administrativo e de controle, envolvida com o tráfego ferroviário. Certamente, se fosse bombardeada, a confusão estaria instalada entre os refugiados, que acabariam, eles mesmos, servindo de bloqueio para os reforços que se voltavam para o leste em direção aos russos. Mas o bombardeio jamais teria encurtado a guerra.

Em Dresden, as autoridades estavam relaxadas em relação às defesas da cidade. Havia rumores de que uma sobrinha de Churchill morava na cidade e apenas esse "fato" bastaria para manter a cidade livre de bombardeios. Os alemães se convenceram de que a "Florença do Elba", como Dresden ficou conhecida, era o tipo de lugar onde os Aliados gostariam de estabelecer seus quartéis-generais depois do conflito e, dessa forma, evitariam sua destruição. Não havia abrigos antibombas reforçados, exceto pelos construídos na época dos burgos. Na chuva incendiária que aconteceria, não haveria lugar para se esconder. As armas que poderiam ter defendido a cidade haviam sido levadas para o Ruhr.

A primeira onda de 234 bombardeiros Lancaster da RAF golpeou a cidade por 17 minutos, deixando-a coberta pela escuridão. Três horas depois, chegaram 538 aviões da RAF, cujo alvo era o perímetro da área já destruída. Em plena luz do dia, as Fortalezas Voadoras americanas vieram para bombardear, conforme o plano, as estações ferroviárias e as estações de triagem da cidade. Os resultados foram as tempestades de fogo do tipo que já acontecera em Hamburgo. Resumindo, vários incêndios combinaram-se para formar uma bola maciça de labaredas, transformando a cidade num inferno.

Lothar Metzger tinha nove anos de idade quando o ataque aconteceu e procurou abrigo das bombas com sua mãe e quatro irmãs.

"O que sobrou da nossa casa estava em chamas. Nas ruas incendiadas, veículos e carroças com refugiados, pessoas, cavalos, tudo queimava e todos gritavam e berravam com medo da morte. Vi mulheres e crianças feridas, velhos procurando um caminho por entre ruínas e chamas... Vimos coisas horríveis: adultos tão cremados que foram reduzidos ao tamanho de crianças pequenas, pedaços de pernas e braços, pessoas mortas, famílias inteiras calcinadas até a morte, pessoas queimadas correndo de um lado para outro, carroças cheias de refugiados civis em chamas, socorristas e soldados queimados, muitas pessoas procurando e chamando por seus filhos e famílias e fogo em todos os lugares, em tudo e o tempo todo o vento quente da tempestade de fogo jogava as pessoas de volta para as casas em chamas das quais elas tentavam escapar".

Úrsula Gray, residente de Dresden, lembra-se de como as pessoas eram puxadas para dentro das casas em chamas pelas correntes de vento criadas pela tempestade de fogo. Depois disso, a recuperação dos corpos foi uma experiência angustiante. "Algumas vezes, colocavam os corpos de 9 ou 10 pessoas dentro de uma banheira, de tanto que tinham encolhido."

No fim, as tentativas para identificar e enterrar os mortos provou ser fútil e cremações em massa foram organizadas nas ruas. Ninguém sabe ao certo o saldo de mortos, isto porque a população fora inflada, talvez até dobrar de tamanho, pelos refugiados. No entanto, é provável que a contagem seja de 80.000, o que excede o total de 71.879 mortos no ataque da bomba atômica em Hiroshima, no Japão, mais tarde naquele mesmo ano.

Depois disso, o bombardeio de Dresden foi usado por Goebbels e seu ministério de propaganda, ansiosos para retratá-lo como um massacre de inocentes. "Aqueles que haviam perdido a capacidade de chorar, aprenderam-na novamente na destruição de Dresden", disse o dramaturgo Gerhart Hauptmann. Desde então, vários autores tentaram justificar o número de mortos em Dresden com os horrores do regime nazista. A discussão sobre o bombardeio de Dresden ser ou não um crime de guerra que ficou impune continuará. Quaisquer que sejam os motivos certos ou errados da operação, 24.800 lares foram destruídos e milhares de pessoas morreram naquela noite. O marechal do ar Harris, até então conhecido como "Bombardeador Harris", passou a ser conhecido como "Açougueiro Harris" e alguns membros das tripulações das aeronaves foram atormentados pelo que aconteceu pelo resto de suas vidas.

O Comando de Bombardeiros foi congelado pelo governo pela sua aparente falta de clareza. Harris não recebeu um título de nobreza como outros alto-comandantes e o Comando de Bombardeiros continua sendo o único braço das forças armadas sem sua própria medalha de campanha. Porém, o fato é que durante toda a guerra, o Comando de Bombardeiros perdeu 55.000 homens das tripulações de aeronaves, um número mais alto, como observou John Keegan, do que o número de soldados mortos na Primeira Guerra Mundial.

CAPÍTULO 10

Invadindo o *Reich*

"Lieb' Vaterland, magst ruhig sein, Fest steht und treu die Wacht am Rhein!"

("Pátria amada, não há do que recear, pois, é certo, o Reno estamos a guardar!")

Die Wacht am Rhein, canção patriótica alemã

O bombardeio dos Aliados diminuiu apenas no começo de abril, quando a vitória estava garantida. Não havia mérito em destruir centros industriais e redes de comunicação que seriam necessárias para as tropas de ocupação. Em 6 de abril, os chefes de estado-maior dos Aliados disseram ao Comando dos Bombardeiros: "Não temos mais nenhuma vantagem em atacar centros industriais, uma vez que, no geral, não produziram efeito antes de as hostilidades cessarem".

O suporte aéreo tático também tinha um valor limitado, isto porque o risco de bombardear soldados dos Aliados era alto. Então, o papel das forças aéreas seria suprir os soldados e civis com alimentos e transportar feridos ou prisioneiros de guerra para casa.

Depois de se recuperarem da ofensiva nas Ardenas, os aliados se reuniram para cruzar o rio Reno. Por volta de 9 de fevereiro, o Primeiro Exército Francês já controlava a margem esquerda do Alto Reno. Outras forças dos Aliados escolhiam seus pontos de partida para a invasão do território alemão. Para os americanos, o exercício provou ser muito mais fácil do que eles haviam inicialmente imaginado.

Em pouco tempo, um destacamento de americanos da 9ª Divisão Blindada, parte do Primeiro Exército, emergiu da Floresta Eifel, na margem oeste do rio Reno, em 7 de março, para encontrar a ponte ferroviária Ludendorf, perto de Remagen, nas cercanias de Bonn, e suas malhas ferroviárias duplas intactas.

Todas as outras pontes ao longo do rio haviam sido destruídas pelos alemães em retirada, por ordens do próprio Hitler. O *Führer* havia ameaçado de morte qualquer um que deixasse uma ponte em pé. Ele também declarou que: aquele que explodisse as pontes no Reno antes de os soldados alemães cruzarem-nas em segurança, também seria executado. O momento da explosão foi uma decisão muito difícil para a *Wehrmacht*. No entanto, a maioria conseguiu explodi-las e reduzi-las a um monte de escombros pouco antes da chegada das tropas dos Aliados.

A Ponte de Remagen

Soldados americanos cruzam o rio Reno. Tropas da 9ª Divisão Blindada, Primeiro Exército dos Estados Unidos, seguem em frente pela ponte em Remagen, Alemanha, para estabelecer uma forte cabeça de ponte na margem leste.

Isso significou que as tropas que avançavam tinham de esperar pelos engenheiros para construírem um pontão ou pela chegada de transporte para o pessoal. Contudo, com o controle da ponte, puderam simplesmente marchar território alemão a dentro com facilidade e rapidez.

No comando da unidade, o tenente Karl Timmermann liderou seus homens em direção à ponte, onde foram recebidos pela detonação de explosivos armados pelos alemães para destruir os pilares da ponte. De alguma forma, ela permaneceu intacta. Engenheiros americanos se puseram a trabalhar para desarmar outros detonadores, enquanto tropas alemãs e civis desapareciam dentro de um túnel ferroviário no lado leste do rio Reno. Foi no mesmo dia em que Colônia, no sul do bolsão de Ruhr, foi ocupada pelos Aliados.

A notícia de que a ponte havia sido rapidamente tomada pelos americanos causou extrema agitação nos quartéis-generais dos Aliados. A ordem emitida

para todos os soldados nas redondezas foi para cruzar o rio Reno naquele ponto. Contra-ataques alemães nos dias que se seguiram foram rechaçados com sucesso. Dentro de 24 horas, aproximadamente 80.000 soldados, além de tanques e metralhadoras pesadas, passaram pela ponte. Na realidade, aquele foi um triunfo local e era necessário estabelecer muitos outros pontos de travessia para facilitar a invasão da Alemanha. Mesmo assim, este provou ser um ponto de partida útil e um estímulo psicológico monumental.

Depois de ser usada por cinco divisões, a ponte ruiu em 17 de março, matando 26 soldados. O desastre pouco fez para frustrar os americanos, que então já haviam instalado vários pontões nas redondezas. No entanto, investigações posteriores decidiram que o comandante da força não havia explorado a ponte o suficiente, e ele foi destituído.

O pior ainda estava por vir para os alemães que fugiram antes de a ponte ser destruída. Hitler ficou tão furioso quando ouviu o que tinha acontecido que jurou uma vingança terrível contra os oficiais da *Wehrmacht* que permitiram tal falha defensiva e, no total, sete deles foram executados. Depois, bombardeou o local com foguetes V-2, a única vez em que essa arma foi usada taticamente, mas falhou na tentativa de desalojar os americanos.

Albert Speer ficou horrorizado com os sinais de crueldade de Hitler. Em seu livro de memórias, *Dentro do Terceiro Reich*, ele lembra: "No comunicado de 18 de março de 1945 da *Wehrmacht*, li sobre a execução de quatro oficiais por não terem explodido a ponte em Remagen a tempo. Model havia acabado de me dizer que eles eram totalmente inocentes. O 'choque de Remagen', como foi chamado, manteve muitos dos homens responsáveis em um estado de terror constante até o fim da guerra".

No dia seguinte, Hitler instituiu a política de terra arrasada na Alemanha, alegando que uma nação tão ingrata a ponto de perder uma guerra não merecia os benefícios de qualquer infraestrutura depois do conflito. Speer se esforçou muito para secretamente contestar a ordem do *Führer*, para salvar vidas e a capacidade industrial para o período pós-guerra.

Do Outro Lado do Reno

Em 22 de março, as forças do general Patton cruzaram, em anfíbios, o Rio Reno, em Oppenheim, entre Mainz e Man-

Atolados

Um tanque americano Sherman atolado no barro durante a investida do Nono Exército no coração da Alemanha.

nheim. Com isso, os americanos tiveram duas tentativas de cruzamento bem-sucedidas, enquanto os britânicos não haviam tentado nenhuma vez. No entanto, Montgomery estava pronto para mudar essa situação, tendo cuidadosamente eliminado a resistência na margem oeste antes de prosseguir.

Na Operação *Plunder*, Montgomery usou 2.000 aeronaves para lançar seus homens de paraquedas para o outro lado do Reno, em 23 de março, sendo que o primeiro-ministro Winston Churchill foi testemunha da operação:

"As aeronaves se perdiam de vista e depois, quase imediatamente, retornavam em nossa direção em uma altitude diferente. Os paraquedistas podiam ser vistos mesmo pelos melhores binóculos. Mas então havia o murmúrio e o bramido dos reforços que chegavam e do retorno das forças que já haviam feito o ataque. Logo, vimos duas ou três aeronaves voltando, tortas, soltando fumaça ou mesmo em chamas... Parecia que 19 de cada 20 aeronaves iniciais voltavam em boas condições depois de cumprirem sua missão. Isso foi confirmado pelo que ouvimos uma hora depois, quando voltamos para o quartel-general... Tudo foi muito bem naquele dia. As quatro divisões de ataque estavam seguras e estabelecidas em cabeças de pontes, a 5.000 metros atrás das linhas inimigas. As batalhas mais pesadas foram em Wesel e Rees. As divisões aerotransportadas se fortaleciam e nossas operações aéreas foram muito bem-sucedidas."

Cinco dias depois de estabelecerem as cabeças de pontes, os respectivos exércitos invadiram a Alemanha.

Dentro dos Campos Nazistas

Se as tropas dos Aliados presumiam que seu destino era Berlim, estavam erradas. Em 28 de março, Eisenhower direcionou seus homens para Leipzig, deixando que os russos tomassem Berlim. Sem nenhum sinal de rendição iminente, os Aliados, que estavam em número muito maior, chegaram à conclusão de que teriam de lutar por cada centímetro da Alemanha para garantir sua derrota.

Na porta de casa, os alemães tinham de enfrentar o Exército Vermelho, os americanos e os britânicos. Internacionalmente, passaram a ser o objeto de vilipêndio e durante os meses de fevereiro e março, nada menos do que 13 países declararam guerra à Alemanha, incluindo Venezuela, Arábia Saudita e Turquia.

Por toda a Alemanha, vilas e cidades eram queimadas como foram incendiadas muitas cidades e vilas europeias nos cinco anos anteriores do conflito. Alguns soldados dos Aliados endureceram sua atitude para com a população civil depois de verem seus amigos fuzilados em ação na França. No entanto, a liberação dos campos de concentração no *Reich* lançou uma nova luz sobre Hitler, seu exército e seu povo. As cenas de carnificina hedionda e o odor do sofrimento humano acompanharam os soldados que visitaram os acampamentos libertados até o fim de suas vidas.

Robert Hartley Olver era membro da Força de Desinformação R, uma unidade encarregada de enganar o inimigo sobre as movimentações das tropas e operações. Desde a Batalha de El Alamein, a força de desinformação estava em operação e réplicas de posicionamentos de metralhadoras, depósitos de munição e estacionamentos de veículos foram criadas na África, feitas de escombros dos campos de batalha. Montgomery ficou impressionado com sua utilidade e continuou a apoiar a Força R pelo restante da guerra. O coronel da Força

Sob Fogo
Soldados da 6ª Divisão Blindada se protegem do fogo de atiradores de elite durante a captura de Oberdola, Alemanha.

R era David Strangeway, que recebia ordens diretas de Montgomery, e com 12 majores e capitães abaixo de si. Havia quatro companhias de campo na Força R encarregadas do transporte de tanques infláveis, telas de pinturas retratando pontes pré-fabricadas, depósitos de munições e placas de estradas. Além disso, havia sinaleiros especializados em transmitir relatórios falsos sobre tropas por rádio e tocar uma trilha sonora de movimentação de tropas para acompanhar os tanques falsos. Os dispositivos foram usados para confundir o inimigo tanto na Ponte Pegasus quanto no *Bocage*.

Em abril, Olver ouviu pelo rádio que Bergen-Belsen – o campo de concentração onde a escritora judia, Anne Frank, morrera no início daquele ano – havia sido libertado e imediatamente arrumou uma bolsa de primeiros socorros e saiu para ver se podia ajudar.

"Dava para sentir o fedor a um quilômetro de distância e logo nos vimos fazendo parte da experiência mais horrível de nossas vidas. Os portões altos de arame farpado estavam abertos e logo ali fora vimos algumas dúzias de vítimas de bruços, comendo a grama e as ervas daninhas que haviam sobrevivido fora do acampamento – nossa primeira visão desses horríveis pijamas listrados cobrindo seus esqueletos virtuais. A ampla estrada principal do acampamento estava densamente repleta de pessoas mortas ou morrendo. Se o esqueleto se mexesse, era porque ainda estava vivo. Entre eles estavam homens e mulheres agachados com uma diarreia incontrolável.

Uma das maiores barracas de madeira na estrada principal era o chamado hospital. Os mortos e os que estavam morrendo eram empilhados lá dentro, de forma a bloquearem as janelas e escorarem uma porta. Para mim, o horror predominante foi o fato de a grande maioria dos prisioneiros estar tão apática que nem se deu conta do resgate. Para eles, um uniforme era igual ao outro. Como aquela era a primeira manhã – a ajuda organizada estava apenas começando –, os brutais guardas e mulheres que

Atrocidade
Corpos emaciados espalhados pelo terreno no campo de concentração de Bergen-Belsen, libertado pelos britânicos em abril de 1945.

O Monstro de Belsen
O comandante do campo de concentração de Bergen-Belsen, Josef Kramer, sob guarda britânica depois de sua prisão.

trabalhavam em uma área do campo eram forçados, à ponta de baioneta, a pegarem os mortos e carregá-los para valas coletivas. Mais tarde, ouvi que alguns deles foram empurrados para dentro das valas para tentarem sair como pudessem.
Perto dos portões, havia uma pilha imensa e organizada, de aproximadamente 1,60m de altura por 1,60m de largura, que se estendia por vários metros, composta totalmente de botas, sapatos e sandálias arrancados das vítimas e esperando transporte para as usinas de reciclagem.
A maioria das mulheres teve suas cabeças raspadas e, mais tarde, descobriu-se que os cabelos foram trançados para fabricar sapatos macios para as tripulações de lanchas torpedeiras. A desculpa dada por um esquisito oficial era de que a fome foi causada por nossas próprias forças, que destruíram todas as rodovias e ferrovias de comunicação. Eles não perceberam que havíamos entrado em um estabelecimento para treinamento da SS grande e novo, há meio quilômetro de distância, que estava repleto de alimentos e materiais médicos de todos os tipos, além de um hospital com seu quadro de médicos e enfermeiras completo.
Minha memória mais pungente foi ver duas garotinhas, de quatro ou cinco anos de idade, em vestidos surrados, mas bastante limpos. Seus pais devem ter sacrificado tudo para ficassem bem alimentadas.
As duas estavam andando pela estrada, de mãos dadas, conversando, e cuidadosamente pulando sobre membros e corpos como se fossem pedras no caminho."

Quando os hospitais avançados do Corpo Médico do Exército Real chegaram, Olver voltou para sua unidade. Embora tivesse levado sua câmera, sentiu-se

Detido

General Karl Veith, comandante da guarnição alemã em Brunswick, é detido por tropas americanas.

mal demais para usá-la. O mais perto que conseguiu chegar de uma retribuição foi reduzir um símbolo de águia e suástica de madeira, encontrado em um hotel na Alemanha, a lenha para o fogo.

Estima-se que os britânicos encontraram 10.000 corpos desenterrados, valas coletivas com mais de 40.000 corpos e 38.500 pessoas moribundas. Dessas, 28.000 morreram logo depois, apesar dos esforços médicos.

Em Belsen e em outros campos de concentração, a população local era forçada a visitar e testemunhar a crueldade desprezível que acontecia em seu nome. Alguns alegaram ignorância, enquanto outros certamente sabiam pelo menos um pouco daquilo que ocorria por trás do arame farpado.

O pacifista Ron Tansley, da *Friends Ambulance Unit*, uma unidade hospitalar móvel, ficou encarregado de limpar o campo de concentração de Neuengamme e encontrou um padre local para recrutar 100 ajudantes entre as pessoas da cidade.

"Eu disse a ele: 'Fico surpreso que o senhor, um homem de Deus, tenha permitido que os eventos neste acampamento acontecessem'. Ele arregaçou a manga e mostrou um número de campo de concentração tatuado em seu braço. Ele havia dado um sermão contra o campo de concentração e poucos dias depois estava dentro do campo. Então, se virou para mim e perguntou: 'O que você teria feito?'. Desde então, tenho pensado muito a respeito."

Felizmente, a história foi diferente para a vasta maioria dos prisioneiros dos Aliados. O tenente Ted Shaw, da 1ª Divisão Aerotransportada, capturado em Arnhem, tinha mais motivos para temer a RAF do que seus captores.

O tenente foi transportado da Holanda, onde fora feito prisioneiro em 26 de setembro, para a Alemanha, juntamente com outros prisioneiros, em vagões para transporte de gado. Quando os aviões da RAF arremetiam, os guardas alemães mergulhavam do trem para a vala mais próxima, mas deixavam os prisioneiros expostos à mercê do fogo dos Aliados.

Ele finalmente chegou ao *Oflag* 79, um campo para oficiais em Brunswick, em 20 de outubro. Ele era um dos 2.430 homens no acampamento, de 15 nacionalidades diferentes, incluindo palestinos, cipriotas, poloneses, gregos e sul-africanos. Uma pesquisa feita por ele revelou que 39% dos homens eram casados, 56% eram solteiros e os 5% restantes eram de estado civil desconhecido.

Havia uma séria falta de alimentos. Em um caderno, o tenente anotava suas rações diárias. O café da manhã era café Ersatz – o código para bolotas que dão em carvalhos – e para o almoço havia três batatas cozidas. À tarde, era servido chá Ersatz (sem leite), seguido de sopa feita de nabo, cevada ou algum outro ingrediente simples. O ponto alto era a chegada dos pacotes da Cruz Vermelha, mas isso não acontecia regularmente. Durante os seis meses "na geladeira", perdeu cerca de 6 quilos, e já era magro antes disso.

Mas ele não se lembra de nenhum tratamento cruel por parte dos guardas, embora a execução de 50 fugitivos do *Stalag Luft* III tenha ocorrido apenas seis meses antes.

"Todos os dias, os alemães emitiam um comunicado no qual eles invariavelmente anunciavam sucessos. Mas tínhamos um rádio secreto e sabíamos o que estava acontecendo. Os homens de três alojamentos se reuniam em um deles para ouvir o comunicado, quando na realidade estávamos ouvindo o rádio. Nossos próprios rapazes ficavam de guarda do lado de fora para avisar se algum alemão entrasse. O código era 'olha o valentão'. Eventualmente eles mesmos diziam isso quando entravam nas barracas, o que nos fazia rir muito. Se soubéssemos que um rapaz queria escapar, bagunçávamos terrivelmente a contagem dos guardas enquanto eles faziam a chamada. Era para nos alinharmos para fazer a contagem, mas ficávamos nos movimentando, indo em todas as direções."

Um oficial encarcerado escapou do acampamento vestido em roupas de trabalhadores, com um assento de vaso sanitário pendurado em seu pescoço. No entanto, nenhum plano de fuga, por mais audacioso que fosse, teve sucesso. Os fugitivos eram punidos com confinamento em solitária. De sua parte, Shaw estava simplesmente satisfeito com sua vida por trás do arame farpado.

"Tive uma vida emocionante. Estive em trincheiras, atrás de uma metralhadora, sob fogo pesado e os companheiros ao meu lado morrendo. Você não conseguia ver uma marca neles, mas seus pulmões explodiam com a explosão. Isso aconteceu duas ou três vezes. A pessoa que realmente mais sofreu com isso foi minha esposa, Dorothy. Ela estava grávida quando eu parti. Todos os oficiais, exceto um, deixaram suas esposas grávidas. Ela recebeu um telegrama pouco depois que fui capturado para dizer que eu estava

Libertação
Prisioneiros do acampamento de oficiais prisioneiros de guerra, Oflag 79, depois de sua libertação.

desaparecido. Levou semanas para ela ter a confirmação de que eu estava vivo."

Libertado

Em 12 de abril, os prisioneiros no *Oflag* 79 acordaram para descobrir que seus guardas haviam desaparecido e as forças americanas de libertação estavam no portão. Quando Ted finalmente chegou em casa, foi recebido pela filha Elaine, na época com dois meses de idade.

A resposta potencialmente hostil dos guardas colocou um fim a um plano de fuga em Colditz, uma prisão de segurança máxima na Alemanha que mantinha alguns dos fugitivos mais ativos e mais ambiciosos. Dois pilotos, Jack Best e Bill Goldfinch, que foram enviados para lá depois de fugirem de outra prisão, decidiram construir um planador para dois ocupantes e, dessa vez, voariam para a liberdade do telhado do castelo de Colditz. A pista de decolagem seria feita de mesas, enquanto o planador seria catapultado em polias conectadas a uma banheira cheia de concreto que seria atirada por cima da parede do castelo. Embora o planador estivesse pronto em outubro de 1944, o destino daqueles que foram pegos depois da "Grande Fuga" pesou muito na mente de seus construtores. Com o final da guerra em vista, parecia ser um risco desnecessário. No entanto, em 1999, foi construída uma réplica do planador, que foi lançada de acordo com os mesmos princípios, provando que o plano teria funcionado.

O avanço dos Aliados continuou sendo desafiado, porém de forma amplamente descontrolada, pelos defensores alemães. O enorme país estava sendo dissecado pelas investidas dos Aliados, sendo que várias delas tinham por objetivo se juntar às colunas do Exército Vermelho no leste. Outras se dirigiam para a Bavária e a Áustria para lutar contra o "Reduto Nacional", ou a última posição dos nazistas, que estaria sendo organizada no refúgio de Hitler em Berchtesgaden. Na realidade, essa era uma ideia mística. Em 1 de abril, o Grupo de Exércitos de Model foi envolvido no Ruhr, oferecendo literalmente milhares de prisioneiros. Acreditando que a calamidade era pior do que aquela em Stalingrado, em 1943, Model sentiu-se tão envergonhado e desesperado que cometeu suicídio em uma floresta perto de Duisburg.

Ele sabia que a Alemanha não apenas havia sido devastada, mas também derrotada. A ingenuidade militar dos Estados Unidos era coisa do passado, a falta de jeito tático dos britânicos agora era história, enquanto o caos que antigamente caracterizava as forças soviéticas havia sido eliminado. Qualquer esperança para o *Reich* não existia mais.

No entanto, a *Wehrmacht* continuou sua resistência heroica e malfadada. Isso não por lealdade a Hitler ou por uma aceitação automática de ordens vindas de cima. Os soldados racionalizaram a continuação da batalha acreditando que eles lutavam pelas suas famílias, que eles acreditaram correr perigo mortal.

CAPÍTULO 11

Queda de Berlim

"Quem der uma ordem para retirada... deverá ser preso imediatamente e, se necessário, executado no ato, independentemente de sua patente."

Ordem de Hitler para a *Wehrmacht*, 16 de abril de 1945

Para marcar o 27º aniversário do Exército Vermelho e da marinha soviética em fevereiro de 1945, Stalin proferiu um discurso que realçava o progresso das forças soviéticas.

"Dentro de 40 dias após a ofensiva de janeiro/fevereiro de 1945, nossas tropas expulsaram os alemães de 300 vilarejos, capturaram aproximadamente 100 fábricas de materiais bélicos que produziam tanques, aeronaves, armamentos e munição, ocuparam mais de 2.400 estações ferroviárias e tomaram uma rede de ferrovias totalizando mais de 15.000 km de extensão.
Dentro desse curto período de tempo, a Alemanha perdeu mais de 350.000 oficiais e homens como prisioneiros de guerra e não menos do que 80.000 foram mortos. Durante o mesmo período, o Exército Vermelho destruiu ou capturou aproximadamente 3.000 aeronaves alemãs, mais de 4.500 tanques e canhões autopropulsados e não menos do que 12.000 canhões."

Mesmo considerando os exageros, os sucessos do Exército Vermelho eram aparentes para todos. Stalin discursou algumas semanas depois de os soldados soviéticos liberarem o campo de morte de Auschwitz, na Polônia. Eles acamparam em suas posições durante o pior do inverno antes de começarem a investida final e inevitável em direção à capital da Alemanha. Ainda assim, Hitler se recusava a reconhecer o inevitável e a considerar a rendição.

Os primeiros alemães a sofrerem os ataques dos russos foram aqueles que estavam na Prússia Oriental, um estado minúsculo criado depois da Primeira Guerra Mundial e, de comum acordo, sob o domínio do *Reich*. A ofensiva russa começou em 12 de janeiro e foi rápida. A defesa da região estava comprometida pela intromissão de Hitler nas questões militares. Ele havia deslocado algumas divisões vitais para partes diferentes da Europa sem falar nada para seus comandantes da *Wehrmacht*, mesmo depois de a batalha ter começado.

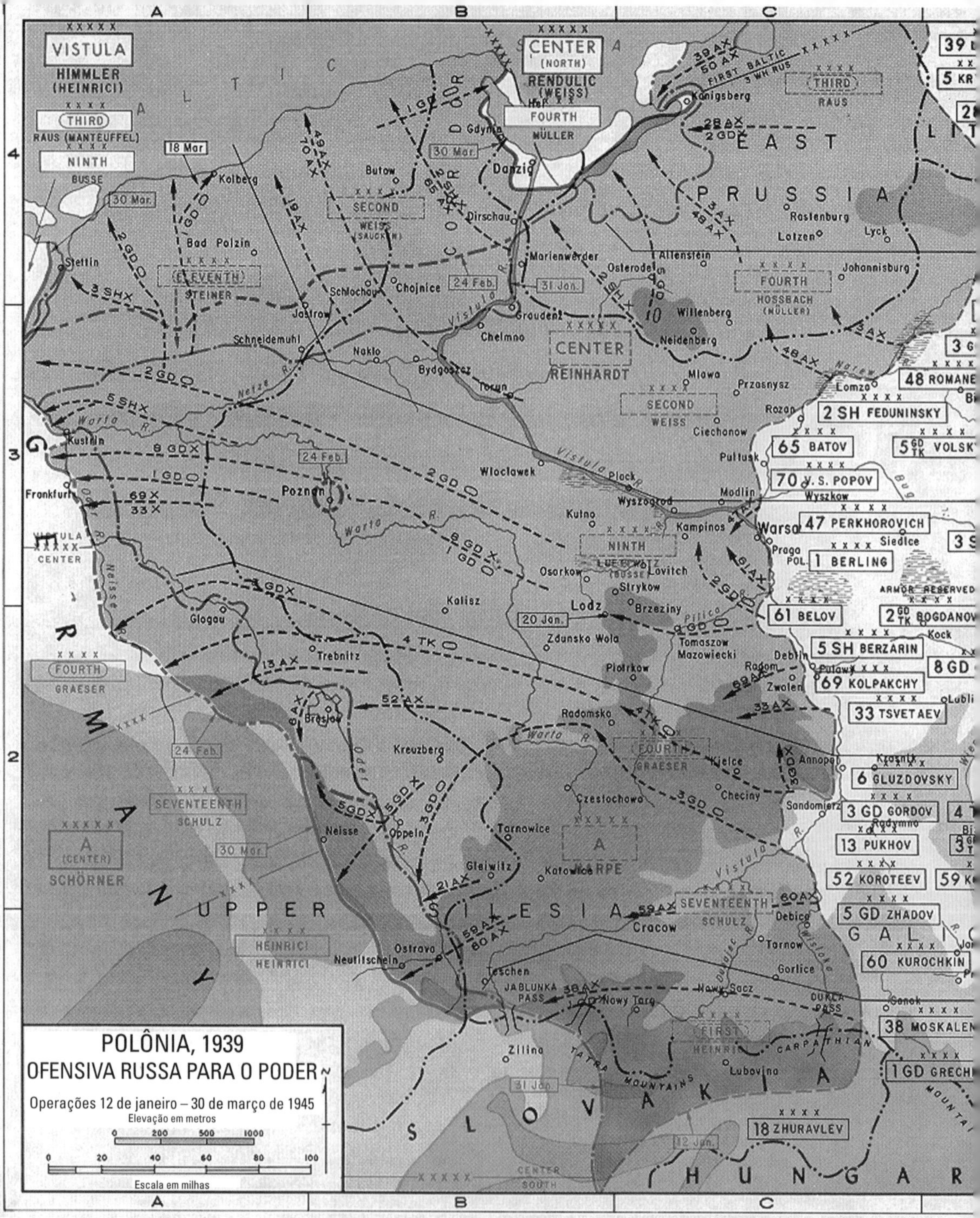

As tropas russas se movimentaram do Vístula para o Oder entre 12 e 31 de janeiro. Isso significava que a Prússia Oriental havia sido ceifada do *Reich* e os defensores na costa norte basicamente estariam de costas para o mar. Enquanto impunham a política de não-rendição de Hitler a uma população desafortunada, os nazistas da Prússia Oriental planejavam sua própria fuga.

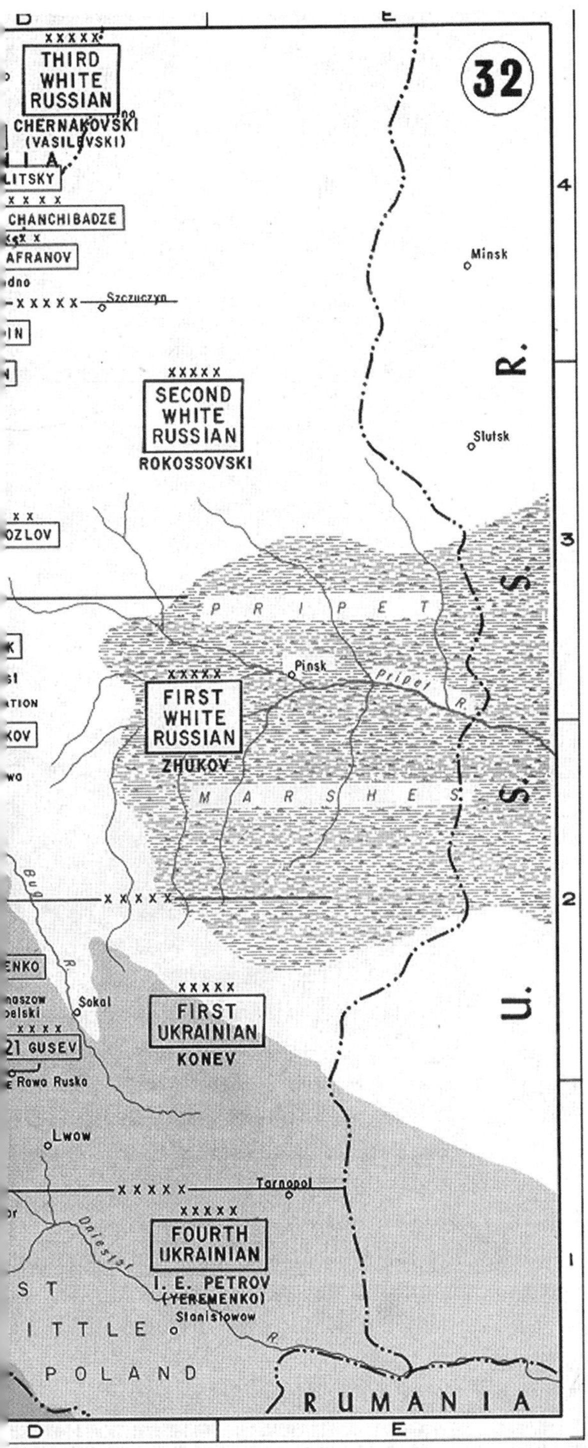

Fugindo do Exército Vermelho

A evacuação de civis foi tragicamente retardada e conduzida em condições climáticas severas. Várias mulheres e crianças congelaram até a morte quando tentavam fugir do avanço russo. O acúmulo de refugiados congestionou as estradas principais, que eram vitais para as forças alemãs. Foi somente em 21 de janeiro que o almirante Dönitz deu sinal verde para a evacuação em massa dos refugiados pelo mar. Quatro grandes navios foram destinados para este fim. Nove dias depois, o *Wilhelm Gustloff*, construído para 2.000 passageiros, saiu de Gdynia com aproximadamente 9.000 passageiros a bordo. Na mesma noite, três torpedos lançados de um submarino soviético fizeram um buraco no navio, mandando-o para o fundo do oceano em menos de uma hora. A luta descontrolada por um lugar nos barcos salva-vidas provavelmente custou mais vidas do que foram salvas. Muitos pereceram enquanto se debatiam no mar gelado, sendo que apenas 1.300 foram resgatados pelo cruzeiro *Admiral Hipper*, que estava nas proximidades. Acredita-se que entre 5.300 e 7.400 pessoas morreram – possivelmente quatro vezes ou mais o número de mortos do *Titanic*, quando este afundou em 1912.

Uma Vingança Brutal

Aqueles que ficaram na Prússia Oriental corriam o perigo de caírem em mãos de soldados russos impiedosos e muitas vezes bêbados, que buscavam vingança pelas punições infligidas à população civil pelos alemães durante seu tempo na Rússia. Em 1945, mulheres alemãs encurraladas não sabiam dos crimes cometidos por seus compatriotas alguns anos antes. Elas também não esperavam a ira sentida pela maioria dos russos contra todos os alemães, que havia sido cuidadosamente cultivada por Stalin. Uma mulher narrou

Capturado
Soldados do Exército Vermelho arrebanham tropas de Volkssturm (Guarda Doméstica) no vilarejo alemão de Scheneidemuhl (Atualmente, Pila na Polônia) em 1945.

suas experiências na Prússia Oriental depois que passou para o controle russo:

"Em 3 de fevereiro, as tropas da linha de frente do Exército Vermelho entraram na cidade. Eles vieram até o porão onde estávamos escondidos e apontaram suas armas para mim e para outras duas mulheres e nos mandaram sair para o quintal. No quintal, 12 soldados se revezaram me violentando. Outros soldados fizeram o mesmo com minhas vizinhas. Na noite seguinte, seis soldados bêbados entraram no nosso porão e nos violentaram na frente de nossos filhos. Em 5 de fevereiro, três soldados vieram e em 6 de fevereiro oito soldados bêbados também nos violentaram e nos surraram".

Depois disso, ela e as outras mulheres fracassaram em tentar o suicídio com uma faca afiada. Juntamente com os estupros, também havia saques, incêndios e violência deliberada. A história se repetia em massa por toda a Prússia Oriental, a Polônia e a Alemanha em si. Os soldados russos podiam enviar um pacote de 5 quilos para casa todos os meses e esses eram recheados de itens roubados de residências alemãs. A resposta de Hitler foi instalar Heinrich Himmler, comandante da *SS* notoriamente cruel, com pouca experiência real em campo, como chefe dos exércitos prussianos derrotados, acreditando que mais entusiasmo entre os oficiais comandantes da *Wehrmacht* alteraria o destino da Alemanha na guerra.

Ainda assim, nem todos os russos se comportaram barbaramente. Havia inúmeros exemplos de soldados do Exército Vermelho sendo bondosos, especialmente com crianças, mesmo durante o auge da batalha horrenda por Berlim.

E não foram as histórias de barbaridade dos russos, mas sim a fome, que levou a uma revolução em Berlim em 30 de janeiro. Algumas mulheres foram abertamente hostis com oficiais uniformizados.

O Delírio de Hitler

Hitler certamente sabia da selvageria da luta no leste. Em um discurso proferido em 16 de abril de 1945, expôs um rápido resumo da vida para os alemães que fossem subjugados pelo Exército Vermelho. "Enquanto velhos e crianças estão sendo assassinados, mulheres e garotas são humilhadas até à condição de prostitutas de quartéis. Outras são enviadas para a Sibéria."

Ainda assim, ele aparentemente se recusava a contemplar a ideia da derrota, especialmente nas mãos dos russos. Em vez de temperar suas palavras com cuidado ou clamar para que os civis fugissem para um local seguro, ele cruelmente clamou por um sacrifício maior do que antes:

"Aquele que não cumprir seu dever neste momento é um traidor da nossa nação. O regimento ou a divisão que abandonar sua posição age de forma tão indigna que terá de ser envergonhado perante as mulheres e crianças que sofrem o terror dos bombardeios em nossas cidades. Acima de tudo, cuidado com alguns oficiais e soldados desleais que, para salvarem suas próprias vidas miseráveis, lutam contra nós na folha de pagamento dos russos, talvez até mesmo em uniforme alemão. Quem lhe der uma ordem para retirada deverá, a menos que você o conheça muito bem, ser preso imediatamente e, se necessário, executado no ato, independentemente de sua patente."

Com essa atitude de colocar seus homens nas barricadas e fazê-los dar suas vidas pela causa, a ameaça bolchevista se afogaria num banho de sangue, prometeu Hitler. O discurso foi feito no tom tenso e alto de costume. Aparentemente, existe apenas uma gravação de Hitler falando em tom normal.

Esse discurso foi uma inspiração para alguns nazistas, que atiraram e mataram alemães que se retiravam ou pensavam em se render.

Apesar de sua voz robusta, enganando os ouvintes, Hitler estava em péssimas condições físicas. O atentado à sua vida em julho de 1944 havia acelerado o declínio em sua saúde. Agora, ele andava curvado, puxava de uma perna quando andava e seu braço esquerdo tremia, algumas vezes descontroladamente. Ele também estava à beira da paranoia e não confiava em ninguém ao seu redor, dos generais de alto escalão do seu exército a seus médicos.

Talvez o mais significativo para os homens que lutavam sob seu comando foi que Hitler, que na vitória havia sido mentalmente rápido e instintivo, havia chegado ao limite de suas ideias militares. Depois do fracasso da ofensiva das Ardenas, ele não conseguiu elucubrar nenhum plano de ação significativo. Em vez disso, se voltou para uma estratégia intensamente prejudicial de longo prazo, qual seja, "recuar jamais".

No último mês de sua vida, o ditador se agarrava a uma esperança tênue, como um homem se afogando aferrado a uma corda de salvamento.

Prisioneiro de Guerra

O final da guerra estava à vista e, ainda assim, a matança e a morte continuavam. Jack Goldstein, um dos homens da tripulação de sete homens de um bombardeiro Lancaster Mark I, morreu em 16 de março de 1945 durante o último ataque aéreo sobre Nuremberg. Atirador da torre central superior da aeronave no esquadrão 166 baseado em Kirmington, Lincolnshire, foi o único em sua aeronave que não voltou para casa depois da batalha. Vinte e seis aviões levantaram voo naquela noite para bombardear a cidade de Nuremberg, onde Hitler havia realizado muitos comícios para realçar sua imagem no auge de seu poder. Pesquisas subsequentes revelaram que dois dos aviões caíram nas redondezas de Kammerstein. Havia seis mortos – três canadenses e três ingleses – em um avião, sendo que um homem foi aprisionado.

Mais tarde, o corpo do sargento Goldstein foi colocado numa igreja local com os mortos, enquanto os membros restantes de sua tripulação, dois deles da *Royal Canadian Air Force* e quatro reservistas voluntários da RAF, foram capturados. Os mortos foram logo enterrados em uma sepultura comum na cidade próxima de Schwabach. No verão de 1947, o corpo de Goldstein foi exumado e colocado em um cemitério em Durnbach, na Baviera, com os corpos de aproximadamente 2.868 soldados dos Aliados, incluindo indianos, sul-africanos, noruegueses e neozelandeses. É o cemitério desse tipo mais ao sul na Alemanha, a apenas 50 quilômetros da fronteira austríaca. O relatório da exumação revela que Goldstein, então com 33 anos de idade, foi enterrado em seu uniforme de aviador. Embora nenhuma marca distinta fosse aparente, sua identidade foi estabelecida por processo de eliminação. Seu filho, Michael, se lembra da chegada de um telegrama trazendo a notícia ruim.

"Eu não tinha nem 6 anos quando minha mãe recebeu o telegrama. Lembro-me dela levando-o para a luz da copa. Eu queria saber o que era. Ela disse que meu pai tinha desaparecido. Eu não sabia o que aquilo realmente significava, mas ela estava obviamente angustiada e me pediu para ir lá fora brincar. Este deve ter sido o pior momento da vida dela. Depois disso, ela pouco falou sobre meu pai. Ela sofreu calada pois queria evitar que seus filhos sofressem."

Última Oportunidade para uma Foto
Em sua última foto oficial, Adolf Hitler deixa a segurança de seu "bunker" para condecorar os membros da Juventude Hitlerista, mesmo quando os exércitos russos de Zhukov e Knoev se aproximavam de seu refúgio final.

Inicialmente, um dos membros da tripulação, Ted Hull, acreditava ter visto Jack Goldstein ser levado para enfrentar um pelotão de fuzilamento num acampamento de prisioneiros de guerra. Embora sofresse com cortes e machucados, Hull, um engenheiro de voo, foi interrogado três vezes por uma dupla de oficiais da *SS*, que o acusavam de ser judeu e pertencer a um esquadrão judeu. Eles diziam que sabiam que Goldstein – que se recusara a mudar seu nome como muitos o fizeram para disfarçar sua religião – era judeu. Na realidade, sua plaqueta de identificação teria indicado sua fé. Depois disso, Hull foi mantido em uma cabana de madeira do tamanho de uma palhoça. Da janela, viu prisioneiros serem levados para uma área chamada "a fossa". "Eu tinha certeza de que um deles era o Jack, pois ele era muito distinto". No entanto, investigações posteriores revelaram que era mais provável que Jack tenha morrido dentro do avião. Depois que o piloto deu a ordem de abandonar a aeronave, um dos tripulantes bateu na perna de Goldstein, que estava pendurada da posição do atirador no topo do avião. Não houve resposta. É quase certo que Goldstein tenha morrido quando foi atingido pelo fogo do ataque de um ataque Ju88 da *Luftwaffe*. Notavelmente, parece que o Lancaster não explodiu quando atingiu o solo, embora ainda carregasse uma bomba de 4.000 toneladas em sua estrutura.

Hull foi apresentado à sua futura esposa por Goldstein, de forma que o conhecia bem. Mas com medo e confuso devido aos seus ferimentos, Hull – que achou ter ouvido tiros quando chegou no acampamento e ter visto covas sendo cavadas – certamente confundiu outro prisioneiro desafortunado com Jack. Um de cinco irmãos que serviram durante a Segunda Guerra Mundial, Jack foi o único que não retornou. (Seus irmãos eram Lou, que servia no Corpo de Serviço do Exército Real; Mossy, um instrutor de ordem unida no Corpo Real de Armas do Rei, Mick, com os Fuzileiros Reais, a Artilharia Real e mais tarde a Brigada Judia na Itália e Ron, um operador de comunicação sem fio que acabou a guerra no 4º Regimento de Dragões da Rainha.) Ron já havia celebrado o Dia da Vitória na Europa, na Itália, acreditando que sua família havia escapado ilesa, quando recebeu uma carta dizendo que Jack estava desaparecido. Cinquenta anos depois, ele percebeu que pouco sabia sobre as circunstâncias da morte de seu irmão e começou uma pesquisa cuidadosa, juntando pedaços da história. Embora ele acredite que seu irmão tenha morrido dentro do avião, ele sabe, por experiência própria, que os judeus britânicos capturados corriam o risco de serem fuzilados pelos seus captores. Isso condiz com uma conversa que teve uma vez com um prisioneiro de guerra alemão na Áustria. O regimento de Ron, o 4º Regimento de Dragões da Rainha, montou um acampamento de prisioneiros de guerra em Ferndorf, na Áustria, para acomodar uma Divisão da Cavalaria que havia acabado de se render. Os alemães ficaram responsáveis por patrulhar o perímetro interno do cativeiro, enquanto os britânicos costumavam controlar a parte externa da cerca de arame farpado. Uma noite, Ron começou a conversar com seu "colega" alemão dentro do acampamento.

"Eu disse a ele que era judeu, no que recebi a resposta quase automática: 'Ich habe os viel Freunden Juden!' (Eu tenho muitos amigos judeus) e perguntei a ele, para fins acadêmicos, o que teria acontecido

O Leste Encontra o Oeste
Soldados americanos encontram seus aliados russos no Elba, maio de 1945, dividindo a Alemanha do leste para o oeste e cortando Berlim.

se, algumas semanas antes, eu tivesse a infelicidade de ser capturado pela sua própria unidade e eles descobrissem que eu era judeu. Ele pensou no assunto por um momento e depois me disse que seu fosse um em um grupo grande de prisioneiros, eles não tentariam me segregar e eu teria sido enviado para a parte de trás com os outros. No entanto, se eu tivesse sido capturado separadamente e se seu próprio oficial ordenasse que ele atirasse, então ele simplesmente teria atirado em mim e vivamente observou: 'Se eu não atirasse em você, ele atiraria em mim!'

Na época, tudo isso parecia perfeitamente lógico para ambos e muitas vezes fico feliz de nunca ter precisado por a coisa a teste."

A Falácia Roosevelt

Quando Roosevelt morreu, em 12 de abril de 1945, Hitler vibrou. Ele declarou que o maior criminoso de guerra do mundo estava morto. Ele interpretou o discurso inaugural de Truman como sendo contra a guerra europeia e a favor apenas da ação dos Estados Unidos no Pacífico. Isso o levou a uma segunda falácia e à ideia de que os poderes ocidentais se juntariam à Alemanha para combater a Rússia – um tipo de pedra no sapato de Hitler – mais uma vez parecia real, enquanto o pior momento no "bunker" se aproximava. Algumas almas sem esperança, entre elas Hitler, acreditavam que isso aconteceria.

Ao contrário do que Hitler previra, a Grande Aliança, como Churchill descrevia a associação de nações que lutaram contra os poderes do Eixo, se mantinha firme. Uma conferência em Yalta, em fevereiro de 1945, já havia acordado os princípios de uma divisão da Europa após a guerra. É verdade que ainda havia muito espaço para discórdia, mas esta questão foi varrida para baixo do tapete. A força da união dos Aliados duraria até o final do conflito, quando esta dramaticamente se dissolveu em poeira.

No 56º aniversário de Hitler, em 20 de abril, as celebrações foram caladas quando canhões da artilharia russa soaram a uma distância próxima. Mesmo assim, todo o pessoal civil e militar do alto escalão nazista na fortificação cumprimentou Hitler com expressões familiares de lealdade eterna. Hitler marcou a ocasião ao presentear os jovens guerreiros da Juventude Hitlerista com medalhas de bravura no Parque da Chancelaria do *Reich*, sob o olhar orgulhoso do líder da juventude do *Reich*, Artur Axmann. Esta foi a última vez que ele foi visto do lado de fora

Hitler havia decidido não buscar a relativa segurança de Berchtesgaden, sua residência nos Alpes, diferentemente da maioria de seus generais e membros da equipe que se dirigiam para lá em voos de 11 horas saindo de Berlim (os tesouros nazistas, em sua maioria saqueados de países tomados, haviam sido despachados para lá uma semana antes.) Também descartou a ideia de que teria uma morte heroica, lutando juntamente com seus soldados, por conta da sua saúde fraca. Mas insistiu em ficar em Berlim, o que significava ficar dentro do abrigo, e falava abertamente em se suicidar, para desespero de seu círculo de pessoas leais. Um dia depois, havia bolado um plano de defesa e se gabava: "Os russos sofrerão a maior derrota, a derrota mais sangrenta em sua história em frente aos portões de Berlim". Em contrapartida, em 22 de abril, Hitler anunciou pela primeira vez que não havia esperança.

Pelo menos parte das mudanças de humor era atribuída às drogas e à depressão,

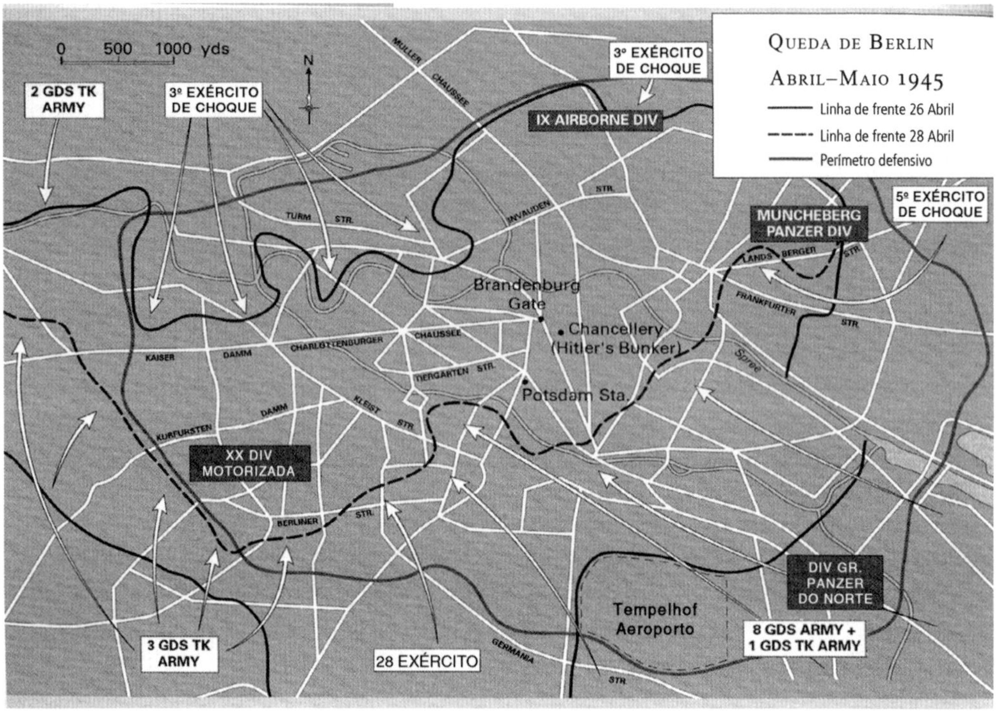

Berlim Sitiada

À medida que as tropas soviéticas sob o comando dos Marechais Konev e Zhukov competiam para tomar a cidade primeiro, o Reich de Hitler encolhia para o tamanho de seu próprio abrigo antibombas.

mas elas fizeram com que alguns conselheiros mentissem para Hitler, temendo dizer a ele a verdade nua e crua. Ele agora estava mais livre para ameaçar de execução todos oficiais que cogitassem a rendição. Ele se recuperou um pouco quando organizou seu discurso final em Berlim, ordenando a todos os homens em serviço que voltassem para a capital para lutar pela sua sobrevivência.

Curiosamente, ele mostrava um lado mais gentil para com suas secretárias, que reuniu enquanto despachava fora da cidade. "Está tudo perdido, não temos mais esperanças", ele disse a elas. Depois que Eva Braun fez um discurso emocionado sobre como ela nunca sairia de ser lado, as secretárias também se viram insistindo para ficar. Pouco antes de sua morte, Traudl Junge publicou um livro contanto sua história. Ela confessou: "Eu era fascinada por Adolf Hitler. Ele era um chefe bondoso e um amigo paternal. Eu deliberadamente ignorei todas as vozes de aviso dentro de mim e desfrutei o tempo em que estive ao seu lado quase até o final amargo". No entanto, ela insistia que não sabia nada sobre as matanças em massa. "Estávamos ali nos bastidores e, ainda assim, não sabíamos de nada do que se passava no palco. Apenas o diretor estava familiarizado com a peça."

Em 25 de abril, o centro da cidade estava sob fogo de artilharia persistente, embora Hitler, talvez com ajuda de seu colírio de cocaína, insistia em que as coisas pareciam piores do que elas realmente eram. Ele esperava ansiosamente a chegada de um grupo do exército que, acreditava, causaria uma reviravolta na batalha. Naquele mesmo dia, Berghof, a adorada casa de Hitler na Bavária, foi destruída pelos bombardeiros da RAF. A algumas milhas de distância de Berlim, novamente americanos e britânicos fumavam e jantavam amistosamente com seus aliados russos em Torgau.

A batalha por Berlim foi amarga, alastrando-se de rua em rua, de casa em casa. Toda vez que soldados do Exército Vermelho entravam em uma estrada, se deparavam com uma barricada e fogo de atiradores de elite vindos de vários pontos acima deles. No entanto, não importa quão caótico parecesse, os russos seguiram com firmeza o plano cuidadosamente elaborado para sitiar a cidade. Seus defensores ficaram a depender de suas próprias iniciativas.

O Fim à Vista

Com Hitler fora de si, havia um vácuo no poder, o que significava que nenhuma ordem era filtrada para os homens e meninos que constituíam as defesas da linha de frente na cidade. A atmosfera no "bunker" era sombria, sendo que o comentário mais espirituoso era de que este mais parecia um necrotério do que um posto de comando e seus ocupantes eram os mortos-vivos.

Hitler acordou abruptamente para a realidade quando seus associados mais próximos começaram a desertar a causa. Ele recebeu um telegrama de Göring avisando-o que, por estar escondido e impotente em Berlim, o chefe da *Luftwaffe* estava assumindo seu lugar como supremo líder do *Reich*. Isso estava de acordo com uma linha de sucessão que o próprio Hitler havia traçado em 1941. O plano secreto de Göring era negociar uma rendição imediata com os Aliados. Hitler ficou consternado com o que leu. "Dar-me um ultimato!" Hitler estranhou. "Isto é realmente o fim!". Ele puniu a traição ao

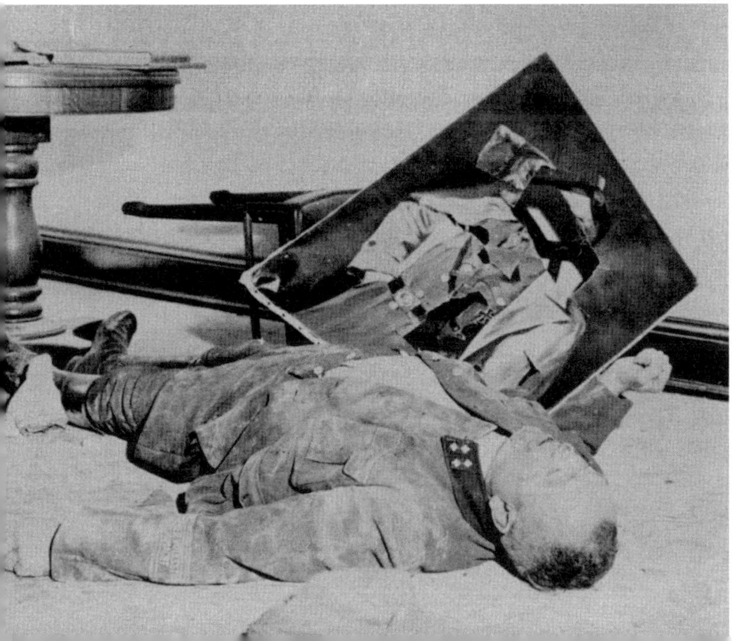

Morte em nome do *Führer*
À medida que o 'Reich de Mil Anos' ardia em chamas, muitos oficiais alemães, como este general da Volkssturm, decidiram que seu dever era tirar a própria vida.

Devoção até a Morte
Hitler com sua companheira fiel, Eva Braun, retratado aqui durante tempos mais felizes em Berghof. Ela cometeu suicídio com o ditador quando o Exército Vermelho fechou o círculo de aço ao redor de Berlim.

enviar imediatamente um telegrama destituindo o Göring de todos seus direitos e colocando-o sob prisão domiciliar.

As reportagens das agências de notícias, de que o *Reichsführer* da *SS*, Heinrich Himmler, antes um lacaio inquestionável, estava tentando abrir negociações de paz com o Ocidente, também foram trazidas à atenção de Hitler. (Martin Bormann mais tarde usurpou a posição de Himmler como herdeiro, aparentemente durante aquele último mês.) Himmler foi devidamente expulso do partido.

Em 28 de abril, Benito Mussolini, um parceiro não muito eficaz de Hitler na Itália, foi capturado, julgado e executado por guerrilheiros em Milão. Seu corpo, juntamente com o de sua amante, Clara Petacci, foi pendurado no centro de Milão e abusado por uma multidão. Apesar das deficiências do italiano como líder militar, Hitler tinha muita afeição por ele.

Hitler decidiu deixar seu último testemunho nas primeiras horas de 29 de abril e sua secretária, Traudl Junge, estava nervosa e ansiosa:

> *"Eu seria a primeira a conhecer a explicação de porque a guerra havia chegado àquele fim, porque Hitler não conseguiu parar. Aquele era o momento da verdade".*

Porém, mais uma vez, Hitler provou com suas próprias palavras que estava seriamente iludido:

"Meu coração batia acelerado enquanto escrevia o que Hitler dizia, mas ele não disse nada de novo.
Falou as mesmas frases antigas. Repetiu suas acusações sobre o sistema capitalista judeu e, em seguida, anunciou, na segunda parte do depoimento, um novo governo.
Não fazia sentido."

O testamento político continha a seguinte declaração ilusória: "Não é verdade que eu ou qualquer outra pessoa na Alemanha tenha querido a guerra em 1939. Ela foi desejada e instigada exclusivamente por aqueles homens de estado de origem judia ou que trabalhavam a favor dos interesses judeus. Eu fiz muitas ofertas para a redução e eliminação de armamentos e o que a posteridade não conseguirá deixar de aceitar por toda a eternidade é que a responsabilidade pelo início desta guerra não pode ser minha".

Ele continuou nomeando o almirante Karl Dönitz, ex-comandante supremo das lanchas torpedeiras, na época comandante da marinha alemã, presidente do *Reich* e o dr. Goebbles como Chanceler.

No mesmo dia, Hitler se casou com Eva Braun, a amante fiel, provavelmente atendendo a um pedido dela. Ela fez isso sabendo que não havia futuro no casamento. Este foi simplesmente uma formalidade antes da morte.

Suicídio no "Bunker"

Eva Braun havia solicitado uma maneira indolor de morrer. Como explicou a Hitler, ela não queria que sua máscara mortuária ficasse contorcida em agonia. A recomendação foi cianureto e ela e Hitler receberam os frascos para este fim.

O veneno, que havia sido fornecido por um membro do escritório de Himmler, foi examinado. Hitler acreditava que poderia ter sido formulado para mantê-lo vivo, porém paralisado, e que ele seria levado de seu abrigo contra sua vontade. Assim sendo, fez com que o veneno fosse administrado à sua amada cadela, Blondie, para teste. A fiel pastor-alemão morreu imediatamente.

Lasta Refugee
O edifício da chancelaria do Reich, como bunker de Hitler, queimando e bombardeado durante os últimos dias da batalha por Berlim.

O Covil do Ditador
Soldado russo no Führerbunker embaixo do Parque da Chancelaria do Reich. O sofá, visível ao fundo, é supostamente onde Eva Braun cometeu suicídio.

Quando o som de um único tiro soou pelo abrigo em 30 de abril, o restante da equipe percebeu que Hitler e sua esposa haviam tirado suas vidas, como ambos haviam prometido fazê-lo em várias ocasiões.

Heinz Linge, o valete de Hitler, entrou nos aposentos de seu mestre com Martin Bormann e fez o seguinte relato sobre a morte de um tirano:

"Hitler estava sentado à esquerda do sofá, tendo sua face levemente tombada para frente e pendendo para a direita. Com o revólver 7,65 ele havia atirado na sua têmpora direita.

O sangue escorreu pelo carpete e da poça de sangue, uma gota havia pingado no sofá.

Eva Braun estava sentada à sua direita. Ela pusera ambas as pernas no sofá e estava sentada ali, com os lábios apertados, e ficou imediatamente claro que ela havia tomado o cianureto. Segurei o pescoço de Hitler, atrás de mim havia dois outros oficiais da sua equipe de guarda-costas, pegamos seu corpo e o levamos para o parque."

Agora dependia de Linge garantir que as ordens de Hitler fossem seguidas, de que os corpos seriam queimados, de forma que nenhuma parte deles pudesse ser mantida como troféu pelo inimigo.

"No parque, deitamos os corpos juntos,
um perto do outro, e jogamos
gasolina sobre eles.
No Parque da Chancelaria do Reich havia
fogo em todos os lugares. Uma brisa
soprou e não conseguimos acender os
corpos com um fósforo comum.
Eu fiz um rolinho de papel de uma página
de um caderno e Bormann, que viera para
fora com outros oficiais, acendeu o papel e
eu o joguei sobre os corpos e, num instante,
os corpos estavam em chamas."

Este foi o fim de 12 anos e 3 meses da ditadura de Hitler. Quando ele assumiu o poder, havia nove milhões de judeus morando na Europa. Quando ele puxou o gatilho, dois de cada três judeus haviam morrido. O número total de mortos durante a Segunda Guerra Mundial chegou a 55 milhões.

Corpos Queimados

O segredo sobre a operação russa para remover o corpo de Hitler causou rumores e especulações sobre sua morte. No entanto, relatórios subsequentes revelaram que os corpos de Hitler e Eva Braun foram descobertos em 4 de maio. Uma autópsia descobriu que foram carbonizados de forma a impedir o reconhecimento e que as extremidades estavam especialmente bem queimadas. No entanto, um cheiro forte

Buraco no Chão
Oficiais russos, britânicos e americanos olham dentro de uma cova rústica no jardim da Chancelaria do Reich, onde os restos mortais de Hitler e Eva Braun foram apressadamente enterrados por homens da SS fiéis ao ditador.

Rendição
Almirante Karl Dönitz (centro), ditador nomeado da Alemanha no estranho testamento final de Hitler, em poder dos britânicos. Com ele estão o ministro de armamentos, Albert Speer (esquerda) e o general Alfred Jodl, chefe de estado-maior da Wehrmacht.

de amêndoas amargas permaneceu no ar, o que levou o médico principal encarregado da condição pós-morte a acreditar que o cianureto havia sido usado. Também estava faltando um pedaço do cérebro em um dos corpos, talvez por causa do tiro.

Os corpos no necrotério eram menores do que os de Hitler e Eva Braun. O encolhimento foi provavelmente causado pelo calor intenso da cremação.

Dois dias depois do suicídio duplo, Berlim se rendeu ao exército soviético. Cinco dias depois, o general Alfred Jodl assinou a rendição incondicional que acabou com a guerra europeia. (Embora Jodl tenha sido considerado culpado de crimes de guerra nos julgamentos em Nuremberg e enforcado, ele foi mais tarde exonerado por um tribunal de desnazificação em 1953.) Houve celebrações desenfreadas entre as populações que haviam aprendido a conviver junto com morte e desastres.

Nas palavras de Churchill:

" A rendição incondicional de nossos inimigos foi um sinal para uma grande explosão de felicidade na história da humanidade. Os derrotados, assim como os vitoriosos, sentiram um alívio inexprimível... Cansados e desgastados, empobrecidos, porém destemidos e agora triunfantes, tivemos um momento que foi sublime".

A guerra havia proporcionado espetáculos de carnificina e caos, que quase todo mundo gostaria de deixar para a história. Mas os atos de desumanidade foram parcialmente temperados por exemplos de compaixão, como as famílias de civis que arriscaram suas vidas para abrigar soldados feridos, como o tenente alemão que entrou em ação quando escutou um tripulante de um tanque americano gritar por ajuda em seu veículo em chamas e tentou salvar sua vida, como os soldados que constantemente colocam suas vidas na linha para salvar seus amigos.

O Dia da Vitória na Europa foi 9 de maio, no mesmo dia em que as forças alemãs em Praga se renderam para o Exército Vermelho. Este foi um alívio tão grande para os alemães famintos e destroçados como foi para os Aliados.

Ulla Dellbanco cresceu durante a guerra na Alemanha, filha de um professor dinamarquês de origem judia. Sua mãe se recusava a escutar Hitler no rádio, alegando que ela não suportava sua voz e arriscava sua vida para escutar a BBC.

"Muitos de nossos parentes distantes haviam ido para a câmara de gás. Nós, como crianças, não sabíamos de nada a este respeito. Meu pai tinha um bom amigo no departamento de educação que o transferira de uma cidade para outra para, dessa forma tornando difícil para as autoridades descobrirem que era judeu. Quando a guerra começou, as aulas foram suspensas e eu fiquei muito feliz. Meu irmão, que tinha 12 anos, me explicou que isso significava que os soldados tinham que atirar em outras pessoas e que as casas seriam destruídas. Ele disse que era uma catástrofe.
Eu participava da Juventude Hitlerista. Depois dos 10 anos, a participação era obrigatória. Tínhamos que marchar um pouco, mas não muito, e podíamos usar um uniforme. Eu e minha irmã tínhamos apenas um e normalmente não o usávamos. Cantávamos e brincávamos muito e realizamos muitas noites de entretenimento para soldados baseados em nossa cidade. No Natal, não cantávamos músicas natalinas, mas sim canções sobre a nação. Recebemos um livro que continha ordens diretas de ataque aos judeus.
Eu ainda não acreditava nisso, mas mesmo assim sentia que os judeus, de certa forma, não se encaixavam.
Era uma propaganda inteligente."

Hoje, Ulla acredita que por muito tempo ela foi ingênua sobre o que estava acontecendo na Alemanha.

"Perto do final da guerra, eu e minha irmã vimos centenas de prisioneiros em campos de concentração. Até então, não sabíamos que tal coisa existia. Podíamos percebê-los a quilômetros de distância por causa do cheiro. Eles pareciam fantasmas, caminhavam lentamente arrastando os pés e era um silêncio total. Ninguém dizia uma palavra."

"À noite, eles retornavam com os mortos em seus ombros. Os soldados eram da *SS* e armados com fuzis. Você não ousava contestar qualquer coisa. Se alguém dissesse alguma coisa, estaria no campo de concentração no mesmo dia. Isso podia custar sua vida."

"O inverno de 1944 foi muito frio. Muitas pessoas congelaram. Os mais velhos ainda falam disso porque foi muito traumático. Meu irmão Helmut foi chamado para o serviço militar em 5 de fevereiro de 1945. Depois de um mês de educação militar, recebeu um uniforme e foi levado primeiro para Kiel e depois para a Tchecoslováquia. Ele foi pego pelos russos e teve que passar cinco anos trabalhando nas minas russas."

"Por um ano, não sabíamos onde ele estava. Pensávamos sobre ele o tempo todo e eu sonhava com ele todas as noites. Quando ele retornou no último dia de 1949, estava abatido e magro. O pessoal no campo foi bondoso e ele apenas falava bem deles. Passou nove meses em hospitais e teve de ser readmitido novamente depois disso".

"Eu acredito que nunca ninguém ousou falar nada contra os nazistas. Todas as noites eu rezava e pedia pela paz, não pela vitória. Perto do fim, eu vi que não seria nossa vitória. Hitler alegava que tinha uma arma secreta que seria liberada quando o inimigo estivesse totalmente dentro da Alemanha. Eu acreditava nisso parcialmente, e seria perigoso dizer que não era verdade."

Martin Huneke tinha três anos e meio quando Hitler assumiu o poder.

"As pessoas fizeram uma procissão carregando tochas acesas pelo nosso

vilarejo. Eu fiquei tão impressionado com aquilo que guardei na minha memória de infância. O destino dos judeus e de outros que desapareceram dos vilarejos e cidades nunca foi esclarecido. Eu acredito que a maioria das pessoas achava que eles foram forçados a trabalhar e foram muito maltratados, mas eu me lembro do choque depois da guerra quando fomos informados do que havia acontecido. Não conseguíamos acreditar. Talvez seja um hábito natural do ser humano tentar ignorar a miséria e a maldade.
Havia um pianista famoso na Alemanha e depois de um concerto ele falou com seus fãs na privacidade de um café, dizendo que ele achava que Hitler nunca iria ganhar a guerra e talvez ele não devesse ganhar. Uma das senhoras ali contou para as autoridades e ele foi acusado e morto. Ouvimos muitas histórias sobre desaparecimentos. O medo estava em todos os lugares. A Juventude Hitlerista se reunia três vezes por semana, na quarta, sábado e domingo. Nós tínhamos um culto – não um culto religioso – mas exercícios de todos os tipos, como marchar, treinar tiro ao alvo, cantar hinos nazistas e aprender a discursar. Algumas vezes íamos a um acampamento onde fazíamos a mesma coisa, mas por uma semana ou mais. Isto te disciplinava e te ensinava a não questionar.
Nos primeiros dois anos depois de 1939, eu acreditava em tudo isso, mas aí comecei a ficar mais e mais cético. Eu tinha de continuar participando, mas no final não mais os obedecia. Acho que a coisa mais engraçada foi quando cantamos Mendelssohn e os líderes nazistas na plateia aplaudiram e vieram nos dizer que era uma canção maravilhosa. Todos sabíamos que ela era proibida porque o compositor era judeu, mas ninguém falou a verdade para eles. Víamos os nazistas como palhaços. Na nossa escola, tínhamos todos a mesma opinião e nunca fomos repreendidos por isso. Mas aprendemos a arte de disfarçar. Sabíamos com quem tínhamos que falar a linguagem oficial. Havia um enorme sentimento de culpa depois da guerra e também um enorme sentimento de defesa. É muito difícil para as pessoas admitirem que foram na direção errada por 15 anos. Eu acredito que esses anos de formação me tornaram fortemente cristão."

Vitória
A bandeira vermelha da União Soviética é acenada do topo de um prédio destruído do Reichstag por soldados russos.

CAPÍTULO 12

Dia da Vitória na Europa

"Não estou motivada para sair correndo amanhã e acenar uma bandeira inglesa pela rua principal da vila. Acho que é um bom sinal as pessoas estarem dizendo no mundo todo, 'Nossos problemas estão apenas começando'."

Maggie Joy Blunt, escritora de diários

No Dia da Vitória na Europa, o soldado da STA, Molly Sale, estava no meio das multidões em Londres. "Tirávamos a sorte para decidir quem teria a noite de folga. Fui para Londres com um dos homens da minha companhia de Bedford. Ele tinha um triciclo que tirou do depósito para a ocasião. Entrei no meio das multidões do Palácio de Buckingham. Todos dançávamos. Foi maravilhoso."

Molly, que tinha 26 anos quando a guerra começou, ajudou a organizar o transporte para o Comando Oriental. Porém, como motorista de ambulância no início da guerra, viu coisas horrorosas, entre elas o retorno dos feridos de Dunquerque. (Para obter suas credenciais como motorista de ambulância, teve de dirigir com um copo de água atrás na ambulância sem derramar.)

Como tenente no Serviço Territorial Auxiliar, Molly passou por um curso de treinamento com motocicleta e viu duas de suas colegas morrerem em acidentes durante o treinamento. No entanto, a pior tarefa de que se lembra é ser uma oficial obrigada a acompanhar caminhões carregados de garotas da STA para os bailes nos sábados à noite nas bases aéreas americanas:

"Você não acredita o trabalho que dava. Eu tinha que contar as garotas no caminhão. Quando a última chegava, cinco já tinham escapado. Eu podia ver isso do ponto de vista das garotas, era como quando elas saiam do internato. Elas ganhavam meias de nylon, chocolates e todas as outras coisas que nossos rapazes não conseguiam ter. Elas bebiam muito. Muitas delas se meteram em encrencas e muitos dos americanos já eram casados."

Observações em massa

Durante toda a guerra e por algum tempo depois, mais de 1.000 pessoas na Grã-Bretanha foram encorajadas a escrever diários, como parte de um estudo antropológico conhecido como "projeto de observação em massa" e desses diários podemos ter conhecimento de algumas opiniões pessoais sobre o final da guerra.

Uma escritora de diários, Maggie Joy Blunt, escreveu em 4 de maio de 1945:

"Não estou motivada para sair correndo amanhã e acenar uma bandeira inglesa pela rua principal da vila. Acho que é um bom sinal as pessoas estarem dizendo no mundo todo, 'Nossos problemas estão apenas começando'."

Quatro dias depois, outro escritor contou como sua família abriu uma lata de frango enlatado, comprado em janeiro de 1941 para celebrar o Dia da Paz. "Assim como com muitas outras coisas, esta provou ser uma decepção, pois embora fosse frango de verdade – ossos, pele e carne – estava arruinado por uma massa gelatinosa. Uma lata de salsichas há muito celebrada, comprada em novembro de 1941, provou ser muito mais aceitável para o almoço."

No dia seguinte, o mesmo escritor de diários escreveu: "Acabamos de retirar as cortinas que escureciam as janelas e cla-

Vitória
Londres, 8 de maio de 1945: Multidões eufóricas no Dia da Vitória na Europa celebram, na Praça Trafalgar, a derrota dos exércitos de Hitler e o final da guerra na Europa.

raboias e as embalamos para guardar no sótão, prontas para a próxima guerra."

A Conquista da Paz

No que diz respeito ao futuro, este não era nada brilhante. A Alemanha ficou como uma tela em branco e embora houvesse a promessa de dinheiro dos Estados Unidos na mesa para refazer a nação, Stalin estava preparado para colher suas recompensas de guerra. A destruição na França havia sido causada em grande parte pelos Aliados, pelo menos nos últimos 11 meses do conflito. No entanto, o país estava, mais uma vez, funcionando por vontade própria, sendo que grandes extensões de seu território não foram tocadas pela guerra. Nos Países Baixos, o problema mais urgente da fome estava sendo tratado. Com o continente em caos, os europeus enfrentavam o fato de que alguns dos maiores

Nos Lembraremos
Memorial de guerra perto de Kemal Hill, Bélgica. Os corpos de aproximadamente 12.000 soldados do império britânico estão enterrados aqui.

crimes já conhecidos pela humanidade e os efeitos do Holocausto repercutiriam por gerações. Entre os países libertados, havia vários combatentes da resistência corajosos, delatores maliciosos e traidores. Na realidade, a cor política de cada um deles continuou sendo tão intrigante e ampla quanto antes de o conflito começar. Levaria meses ou anos antes de a reconstrução ser concluída, antes de o último refugiado retornar para casa, antes de os prisioneiros de guerra serem repatriados, antes de os feridos sararem, antes de a justiça ser feita. E apenas então se anunciaria no horizonte uma nova era, uma era gélida, pois a Guerra Fria estava à espreita, pronta para começar.

Grã-Bretanha e Estados Unidos ainda estavam em guerra no oriente contra o Japão. Assim como Hitler havia se recusado a se curvar perante o poder militar dos Aliados, parecia que os japoneses faziam a mesma coisa. A matança ainda continuaria intensa por vários meses.

Na América, antes de decretar o dia 13 de maio como o dia da oração, Harry S. Truman fez uma declaração formal, como segue:

"Os exércitos dos Aliados, através de sacrifícios e devoção e com a ajuda de Deus, obtiveram da Alemanha uma rendição final e incondicional. O mundo ocidental foi libertado de forças maléficas que, por cinco anos ou mais, aprisionaram corpos e acabaram com a vida de milhões e milhões de homens que nasceram livres. Elas violaram suas igrejas, destruíram suas casas, corromperam seus filhos e assassinaram seus entes queridos. Nossos exércitos de libertação restauraram a liberdade para esses povos sofridos, cuj espírito e boa vontade os opressores nu conseguiram escravizar.

Ainda há muito a ser feito. A vitória obtida no Ocidente deve agora ser alcançada no oriente. O mundo inteiro deve ser limpo do mal do qual metade dele foi libertada. Unidas, as nações amantes da paz demonstraram no Ocidente que seus braços são muito mais fortes do que o poder dos ditadores ou a tirania dos círculos militares que uma vez nos chamaram de acuados e fracos. O poder de nossos povos, de se defenderem contra qualquer inimigo, será provado na Guerra do Pacífico como ele foi provado na Europa."

Talvez, as últimas palavras pertençam a Churchill, que havia liderado a Grã-Bretanha por cinco anos turbulentos, algumas vezes deprimido e algumas vezes otimista, eufórico e consternado. Se seu humor mudava, sua intenção prometida, de derrotar os nazistas e retira-los da face da Europa, nunca mudou. No final das batalhas, ciente das ameaças do Japão e da Rússia e sintetizando o mundo como ele o via, falou para a nação:

"Eu gostaria de poder lhes dizer hoje que nossas provações e problemas acabaram. Aí, então, eu poderia finalizar meu serviço de cinco anos feliz e se vocês achassem que já haviam me aguentado o suficiente e que eu deveria ser mandado para o meu descanso final, aceitaria isso com muita honra. Mas, pelo contrário, devo alertá-los, como fiz quando esta tarefa de cinco anos começou – e ninguém sabia que ela duraria tanto tempo – que ainda há muito a ser feito e que vocês devem estar preparados para esforços adicionais da mente e do corpo e sacrifícios adicionais por causas maiores, pois não podem cair de novo na inércia, na confusão de metas e no medo covarde de serem grandes. Vocês não devem enfraquecer de maneira alguma seu estado de espírito alerta e vigilante.

Embora para o espírito humano seja necessário celebrar esta data, ainda assim esta deve ser adicionada à força e resistência que cada homem e cada mulher, para que se voltem para o trabalho que ainda precisam fazer, e também para a percepção e vigília que devem manter sobre as questões públicas...

Não buscamos nada para nós mesmos. Mas temos que ter certeza de que essas causas, pelas quais combatemos, encontrem reconhecimento nas negociações de paz em fatos, assim como em palavras e, acima de tudo, precisamos trabalhar para garantir que a Organização Mundial, que as Nações Unidas estão desenvolvendo em São Francisco, não se torne um nome vago, não se torne um escudo para os fortes e uma zombaria para os fracos. São os vitoriosos que devem buscar em seus corações, nas suas horas brilhantes, e se fazerem valer pela sua nobreza das imensas forças que exercem...

Eu lhes disse coisas duras no início desses últimos cinco anos; mesmo assim vocês não se retraíram e eu não seria merecedor de sua confiança e generosidade se ainda não clamasse: Para frente, impávidos, inabaláveis, indomáveis, até que toda a tarefa seja concluída e o mundo todo esteja a salvo e limpo."

Índice